谁抓住了教育，谁就抓住了未来

谁抓住了教育，谁就可以立于不败之地

谁抓住了教育，谁就掌握了整个世界乃至宇宙……

用第三只眼睛看教育

凌国强◎口述
文东　刘无恙◎整理

南方日报出版社
NANFANG DAILY PRESS
中国·广州

图书在版编目（CIP）数据

用第三只眼睛看教育 / 凌国强口述. — 广州 : 南方日报出版社，2024.5

ISBN 978-7-5491-2804-4

Ⅰ. ①用… Ⅱ. ①凌… Ⅲ. ①教育—研究—中国 Ⅳ. ①G52

中国国家版本馆CIP数据核字（2024）第006428号

YONG DI-SAN ZHI YANJING KAN JIAOYU

用第三只眼睛看教育

口　　述：凌国强
出版发行：南方日报出版社
地　　址：广州市广州大道中289号
出 版 人：周山丹
责任编辑：曹　星
装帧设计：邓晓童
责任校对：熊丽思
责任技编：王　兰
策　　划：CPA 城势話語
插　　画：曾明理　张亚琳
经　　销：全国新华书店
印　　刷：广东信源文化科技有限公司
开　　本：880 mm×1230 mm　1/32
印　　张：6.5
字　　数：130千字
版　　次：2024年5月第1版
印　　次：2024年5月第1次印刷
定　　价：88.00元

投稿热线：（020）87360640　　读者热线：（020）87363865
发现印装质量问题，影响阅读，请与承印厂联系调换。

菩提树

我家院子里，有一棵二十几米高的菩提树，闲下来的时候，我喜欢到树下思考。它能长成参天大树很不容易，一路上教了我很多。

十几年前，朋友送了株菩提树给我，那会儿它还只是小小的盆栽。菩提树有特殊的意义，加上它的叶子青青的，也非常好看，所以我很珍惜。我特意在院子里给它建了新家——一个有禅意的花坛。奇怪的是，之后的两三年里，虽然我们施肥浇水，使尽浑身解数照顾它，但始终不见菩提树长大。

当时我想，是不是只有种在地上，菩提树才能长得更高更大？很快，它迎来了生命中的第三次迁徙，这一次菩提树把家安在了无拘无束的大地上。短短五六年后，菩提树长成了参天大树，树干从当初的小拇指粗细，长到直径将近一米。从花盆到花坛，到最后回归大地，菩提树的成长尚且需要合适的空间，更何况人呢？

“十年树木，百年树人”，正是如此。

序言

凌国强先生与教育、与香港中文大学（深圳）均有着非常深厚的缘分。

这种缘分颇有历史渊源：凌先生的叔父凌道扬博士，是中国近代林业事业奠基人、植树节的倡导者，是著名的林学家、教育家，曾先后担任香港崇基学院、联合书院的院长，任内推动了香港中文大学的创立。凌道扬博士是深圳龙岗布吉人，他参与缔造的香港中文大学，在一个甲子之后，回到了他的家乡龙岗开枝散叶，发扬光大，是富有意义的巧合，也是历史的缘分。2022年7月，凌国强先生捐赠香港中文大学（深圳）成立道扬书院，把这种美丽的缘分续写成了一段佳话。在我看来，这不仅是香港中文大学在深港两地之间的历史传承，也是凌氏家族崇文重教、为国育才的家风承传。

我了解，《用第三只眼睛看教育》这本书，是凌国强先生继《心明：凌国强哲思录》后的第二本口述著作。凌国强先生对传统文化的尊崇和承继，对教育事业的笃爱和躬耕，是为深圳教育界周知的。可他如何看待教育、又怎样办学兴教，恐怕鲜为人知。在这本书里，凌国强先生系统地讲述了自己与教育的深厚关系、办教育的心路历程。他眼中的教育，始终与时代、时事、社会及每个人的生活紧紧相连、息息相关，是全社会共有的责任。这种理念，我认为特别难得。

《用第三只眼睛看教育》这本书的价值，倒不是说文字有多华美、理论有多深奥，恰恰相反，是用你我都可见可感的视角在讲述教育，充满烟火气。这种口述出自天然，不事雕琢，有一种朴实无华的真意。难得的是他乐于打开记忆之门，和大家分享成长往事、创业艰辛和心系教育的悲喜。他对天地生命和国家社会的思索，无不展露他的旷达与豪迈。

从凌道扬博士“树木育人”理念的践行，到《用第三只眼睛看教育》这本书的出版，可以管窥布吉凌氏人文底蕴在深港大地的百年传承，可以看见凌国强先生因由教育而结成的智慧之光。

是为序。

徐扬生

中国工程院院士

香港中文大学（深圳）校长

2024年4月

目录 CONTENTS

第一章 我为什么办教育

通过声音感受
教育的力量

小引

这些年来，我被问得最多的就是“为什么办教育”。

历经一百多年，布吉凌家养成了重教育的传统，这是我办教育的大背景。当我想放弃就读高中时，父亲说：“不读书有什么出息！咱们家再穷，你也要把高中读完。”他的言传身教是我办教育的小背景。

事业有成后，禅师跟我讲：“办教育。”“但不能误人子弟！”他的建议加速了我办教育的进程。2000年，百外春蕾小学正式成立，而后逐渐走向正轨并取得诸多好成绩，我深深地意识到社会责任感也是我办教育的助推器。

二十多年来，百外集团创办了多所学校，培养出了3万多名优秀学生。如果没有2002年《中华人民共和国民办教育促进法》的颁布，我肯定不会把教育事业办得这么好。未来怎么办更好的教育？回答这个问题就是我写这本书的初衷之一。

>> 布吉凌家重教育传统的形成用了一百多年。这是凌家先辈给后世留下的一笔无价之宝，是我办学校、办教育的推动因素。2022年，我捐资1.5亿元在香港中文大学（深圳）建设道扬书院。我经常想，要是凌启莲、凌道扬等先辈能看到我今天还在坚守和发扬这个传统，他们一定会很欣慰！

第一节　教育造就布吉凌家

我们经常讲，任何行为的产生，都有大背景在影响，这是个基本的哲学逻辑。我办教育，自然也离不开这个逻辑。对我来讲，这个大背景就是凌家有重教育的传统，教育也造就了布吉凌家。换句话讲，我为什么办教育？其中一个原因是我们布吉凌家很长一段时间都重视教育，重教育在凌家是有传统的，我是在坚守和发扬这个传统。

在深圳龙岗，布吉凌家重视教育是广为人知的。自清康熙元年（1662年）左右，先祖凌日林将家搬到龙岗布吉以来，布吉凌家重教育传统的形成大概历经了三个阶段，即初始期、发展期、成形期，下面我简单回顾一下。

初始期，凌启莲是这一时期的重要人物，是布吉凌家重教育传统的奠基人。

1864年，深圳历史上的第一所大学存真书院成立，这也是中国第一所教会大学，凌氏族人积极进入书院学习，这里面的代表是凌启莲（1842—1932）。布吉凌家是深圳最早接受现代化教育的家族之一，凌启莲是存真书院最早的毕业生之一，作为布吉凌家在这一时期的代表，他为凌氏家族的崛起打下了坚实的基础。在学校，他不仅专心学习各种知识、夯实各种技能，还逐渐萌发了一个宏大的愿景：希望凌家后世都有机会接受现代化的教育。他坚信教育不仅能改变个人的命运，也能改变家族的命运。在这个愿景下，布吉凌家在养成重教育家风的征程上起步了，凌家后世逐渐走上了腾飞之路。

发展期，凌启莲的几个儿子成了凌家养成重教育家风的助推人。他们多直接或间接参与教育事业，在凌家重教育传统形成的过程中，他们是量变。八个儿子中，长子凌善元在香港成立了“从谦学校”，是布吉凌家第一个办学校、搞教育的人。六子凌善永在夏威夷的华人学校教书，是中国近代最早学习并熟练运用西方会计知识的读书人之一。七子凌善安曾任国子监英文老师，教过光绪皇帝，后来又在辅仁大学、燕京大学当教授，是当时教育界的“泰斗”。八子凌善芳毕业于世界顶级学府美国耶鲁大学，1900年广九铁路修建时，学成归国的他任项目高级工程师，很好地完成了广九铁路石龙到深圳段的测绘工作。此外，凌启莲的次子、四子、五子作为当时的商界名人，十分支持另外几位直接从事教育事业的兄弟，为教育事业提供资金和物质，贡献了很大的力量。

成形期，在凌启莲孙辈的共同努力下，布吉凌家重教育的传统最终形成了。凌家孙辈人才济济，他们大多在欧美学成，归国后都在各自的领域，为各自的行业作出了巨大的贡献，他们是质变的主要力量，凌道扬（1888—1993）是其中的标杆人物。

凌道扬出生于深圳布吉，早年在教会学院学习。1898年，因家境困难，10岁的凌道扬前往美国檀香山的叔父家做童工。1900年，凌道扬的八叔凌善芳回国时将凌道扬带回国。同年秋，凌道扬进入上海圣约翰书院（后更名圣约翰大学）求学。求学期间，凌道扬掌握了扎实的课内外知识。1909年，在七叔凌善安的推荐下，凌道扬进入京师大学堂任英文教员。1910年，凌道扬赴美国麻省农学院继续求学，结业后，于1912年考入耶鲁大学林学院。1914年，凌道扬在耶鲁大学获得林学硕士学位，成为中国第一个获得该学位的人。学成后，凌道扬归国。

1915年初，凌道扬联合他人向当局建议把每年的4月5日定为中国的植树节。建议后来被采纳，1916年，植树节开始推行。在同年出版的著作《森林学大意》中，凌道扬提到“注重教育、因势利导、政府提倡”，简简单单的三个词，把凌家重教育的传统展现得淋漓尽致。凌道扬在很大程度上推动了中国林业事业的发展，他参与创建了中国第一个林业科学研究组织——中华森林会（后更名“中华林学会”），参与创办了中国第一份林学刊物《森林》，参与组建了中国第一个林科，参与制定了中国第一部《森林法》。凌道扬也曾协助孙中山拟定林政规划等，说他是中国林学界的“泰斗”，一点也不为过，他是布吉凌家的第二个“风云人物”。职业生涯的中后期，凌道扬应联合国粮食农业总署的邀请，赴美考察并任职，直至退休。

退休后的凌道扬定居香港，开启了人生的第二个阶段——办学。

1951年，凌道扬参与了香港崇基学院的创办，并于1955年至1960年出任该院第二任院长。1960年，凌道扬从院长位置上退休后，又受聘为香港联合书院院长，并以香港中文大学（简称“港中大”）筹备委员会主席的身份，全力推动港中大的创立。他多次发声，有力回击当时反对港中大成立的声音，1963年，他终于促成了港中大的成立。港中大成立后，75岁高龄的凌道扬“功成身退”。1993年，凌道扬以105岁的超高龄逝世。今天，在港中大崇基门的两侧，我们依然可以见到凌道扬写的楹联。

除开凌道扬外，凌启莲的孙辈中还有很多人才，如新中国第一批妇产科专家之一的凌筱瑛，又如美国马里兰大学终身教授、半导体电路和集成电路专家凌宏璋等。在沪江大学、东北大学、齐鲁大学、山东大学、中山大学的校史中，我们能见到凌家后世的很多身影，有的是校长，有的是教授，都是凌家重教育传统中的灵魂人物。

从初始期到发展期，从发展期到成形期，布吉凌家重教育传统的形成用了一百多年。可以毫不夸张地讲，这是凌家先辈给后世留下的一笔无价之宝，作为凌氏族人的一分子，我是幸运的，它造就了今天的我、今天的布吉凌家，是我办学校、办教育的推动因素。2022年，我捐资1.5亿元在香港中文大学（深圳）建设道扬书院。我经常想，要是凌启莲、凌善元、凌善安、凌道扬等先辈能看到我今天还在坚守和发扬这个传统，他们一定会很欣慰！

第二节　油灯下的父亲

我为什么办教育？前面我已经讲了大背景，现在我着重讲小背景，这个小背景的主题是父亲对我的言传身教。父亲重教育、重知识，毫无疑问，这个小背景在很大程度上也促成了我投身教育事业。

凌道扬与他这一支的后人，大多移居香港和海外，留在深圳布吉的凌氏，多以务农为生，到我出生和接受教育时，布吉凌家早已不见往日的辉煌，凌家重教育的传统貌似已经潜藏起来。为什么我说的是潜藏，没有说消失呢？因为这个传统还流淌于凌氏族人的血脉之中。成长过程中，包括我父亲在内的家族长辈经常会自豪地跟我和我的同辈提起凌启莲、凌善元、凌善安、凌道扬等先辈，提起凌家历经一百多年养成的重教育的家风，提起教育之于此前布吉凌家崛起的重要性。长辈们讲得多了，继承这个传统的想法逐渐在我心中生根发芽。那时的我就坚信，只要一代代继承这个传统，布吉凌家一定会再次崛起。

在《心明》这本书中，我回忆了当时家里的窘境："小时候，我家穷到什么程度？可以说在整个深圳，我家排第二，也没几家能排第一。"穷就算了，最难受的是穷的同时，我的身体还非常差！我小学二年级得了脑膜炎，家徒四壁又病得东倒西歪，所有的所有好像都糟糕到了极点，现在的孩子是无法想象当时我和我家的那种窘境的。直到今天，每当我回忆起那段经历、那种窘境时，也还是会一再地感慨生活的不容易。正是小时候的这段经历，让我特别珍惜现在的幸福生活。扯远了，我们回到正题。正如我上面讲到的，布吉凌家重视教育的传统一直流淌于凌氏族人的血脉中，所以即使条件艰难，我父亲也还是非常重视对我们这一代的教育。

我的父亲和母亲，文化水平都很低，父亲稍微好一点，至少可以自己写自己的名字，母亲不要说自己写自己的名字了，她甚至一个字都不认识。但是这些并不影响他们对子女教育的重视。父亲总是对我们兄弟几个说："你们拿的笔跟我拿的锄头一样，都是能挣钱吃饭的。我年纪大了，只能靠锄头过日子了，你们不一样，将来一定要靠笔吃饭。我和你母亲拿锄头的辛苦，你们应该看得见，拿笔轻松，还不用风吹日晒，将来的路怎么走，要靠你们自己选择。"

1983年初，我即将初中毕业，那时候深圳已经有了一些"三来一补"企业，考虑到家里的窘境，我打算去工厂上班，以此来减轻家里的负担，我还计划报考师范学校（中专），如果能尽快毕业出来当个老师，不仅能减轻家里的负担，还能实现我一直以来当老师的梦想。记得在一个晚上，我把这些打算同父亲讲了。那个晚上，可能是煤油灯照映在父亲的脸上，也可能是父亲听完特别生气，总之，父亲的脸通红通红的。他严肃地说："不读书有什么出息！咱们家再穷，你也要把高中读完。"后来我仔细想想，这些话从父亲口中说出来，应该是在我的意料之中的，毕竟他也是深受布吉凌家重教育传统影响的一代人。当晚父亲之所以这么生气，可能是因为我的言语中透露了一种无奈。

在父亲的坚持下，我读完了高中，接受了更好的教育。我在高中学到了可以拓宽我视野的知识，让我有机会更好地认识世界、看待身边的人和事，我的高中学历也帮助我拿到了更多、更好的工作机会。高中毕业后，我当过公安，做过村支部书记，后来又下海创业和兴办学校，可想而知，没有高中的知识和学历，我很难获得这些宝贵的工作机会和工作经历。没有这些工作经历，我后来肯定也不会有能力办学校、办教育。所以我想说，没有父亲对教育的重视，我的人生一定是另外的样子；没有父亲的言传身教，我的人生一定不会这么明朗。我要深深地感谢我的父亲，他在我心中是一个很伟大的人！

父亲对我的言传身教，可以总结成两点：一点是父亲把凌家重教育的传统传到了我的身上，我在接受好的教育的同时，也逐渐对教育重视起来；另一点，我从重教育传统的受益者转变成了重教育传统的传播人，我还将重教育的传统传给我的下一代，也把这个传统通过办学的形式传给凌家以外的千千万万的孩子。前面我提到，我办学的小背景是父亲对我的言传身教，现在看来这个小背景是有无穷大的力量的。

第三节　禅师的建议

时间来到二十世纪末期，深圳迎来了巨变的时代。

改革开放早期，深圳的外来人口急剧增加，我所在的深圳布吉镇因为临近“关内”，成为许多外来务工人员的聚集地，陆续有人下海经商并小有所成。凌家顺应潮流，我自然也成为潮流中的一员。前面我们讲到，父亲坚持让我上完高中，这段学习经历给了我知识和学历，相较当时的同龄人，我在闯荡社会时有了很明显的优势。赶上时代红利，再加上我从小就成长在艰苦的环境中，本来就不怕吃苦、敢于吃苦，多个因素加在一起，最终促成了我在商业上的初步成功——1993年，深圳市百合控股集团有限公司创立。

这是我生命中最重要的一年，我对它印象很深，百合控股集团的成立证明了一个道理：只要敢想、敢干、敢拼、吃苦耐劳，成功的概率是很大的，如果有这些因素的同时，还能有很好的受教育的背景、扎实的知识储备，成功的可能性将会在前者的基础上大为增加。这里，我还是要提那句我们经常挂在嘴边的话，那就是努力改变命运！知识改变命运！教育改变命运！

公司成立后的几年时间里，我都还是知识和教育的受益者，还没有太多机会接触到办教育的机会，直到1997年的到来。这一年，因为公司开发的住宅项目需要配套建设幼儿园，我们开始在教育上“试水”，这是我办教育、办学校的第一个年头。之后的几年，这两个词还没有大大地写在我奋斗的字典中，我的精力还是在公司上、在有关财富的事业上。

百分之九十九的人都一样，在穷苦的时候，对财富有着强烈的渴望，我也不例外，不管是小时候，还是刚刚工作或者刚刚创业那几年，我都很渴望财富。然而，一旦实现了财富梦想、实现了财富自由，这种渴望便很快就消失了。人到这个时候好像没有了一种健康的执着、一种向上的追求，很多时候都显得迷茫，甚至是无所事事，价值感好像没了，没了价值感的人和行尸走肉的区别也不大了。1999年，我在商业上的成就已经不小，这个时候的我在别人看来，有几辈子都花不完的钱，我狠狠地穷过、长时间地穷过，所以我理解他们，但只有我自己知道，我挣钱的兴奋感已经趋于消失，我已经陷入自我价值感缺失引起的迷茫中了。

一个偶然的机会，我去五台山，在山上遇见了一位禅师，我跟禅师说了我当时的心境。说完后，我问他：“接下来我应该为社会做些什么事？”禅师回复：“办教育。”说完他又顿了顿，接着补上一句：“但不能误人子弟！”禅师的话让我思考良久。在创造财富的同时，我想让自己的人生更有意义，于是集中精力办此前“试水”过的教育，集中精力办“不能误人子弟”的教育。从此，我再也没有离开过教育事业。

我开始一心投入办学的前期分析中。二十世纪九十年代，快速涌入的人口导致深圳的学龄儿童数量急速增长，面对这一前所未有的境况，深圳在基础教育上的投入显得杯水车薪，公办教育越来越难以承受适龄就学儿童大量增加带来的巨大压力。虽然深圳的民办教育才刚刚起步，但显然民办教育已经变成了为公办教育“解压”的一种良好方式。放眼看未来，深圳的民办教育一定会成为公办教育的一个“好帮手”，甚至如果发展得好的话，民办教育很可能会闯出自己的一片天地。一通前期分析下来，我不仅被禅师的智慧所折服，办教育的决心也变得雷打不动。

接着，我又复盘我以前“试水”办教育的那段经历。社会资本对教育的认识需要一个过程，就我本人而言，此前办幼儿园，更多是想为住宅项目配套教育资源。说白了，那时候办教育是为了服务地产，公益性和社会性不是当时主要考虑的内容。但仔细分析禅师的话，他明显是想让我以公益性和社会性为中心来办教育。一套房子质量不过关，可以换、可以修补，但孩子没教育好，会耽误人家一辈子。既然要搞教育，就得以公益性和社会性为中心来好好搞。对过去的反思让我对办教育这件事的认识更深刻了。

在我最终下定决心办教育这件事上，禅师的话是“助推器”，我过往“试水”办教育的经历也给了我一定的底气。在二十世纪的最后一年，第一所学校的筹建工作轰轰烈烈地干起来了。

>> “在百外文化的创立与传承中，每位百外人都是实践者与推动者。”就像张兆芹教授说的：“敢想、敢做、敢闯的精神，一路跋涉，一步步积淀校园文化，一点点积累教育教学经验。”

第四节　一辆大巴、35位老师

前面我集中讲了促使我办教育的三个原因，即作为大背景的“凌家有重教育的传统”以及作为小背景的“父亲的言传身教”和“禅师的建议”。这一节，结合春蕾小学从正式创建到走向正轨的过程，我来集中谈一谈我办教育的第四个原因——社会责任感。

2000年春节后，春蕾小学的筹备进入快车道，校园已经建好，相关教育设备的采购、教室装修等工作也在陆续推进。我干过很长一段时间的房地产，快速建好学校、配套好学校的硬件设施对我来讲不是难事，难的是怎么在快的同时又能保证高质量。为了高质量地建好学校，我下了很多苦功夫。学校从选址到设计、从动工到主体落成、从初步装修到精装修，虽然我都请了很专业的技术人员把关，但我还是不放心，每一步我都以百分之两百的精力参与了。我必须始终保证一点，那就是我办的学校不能出一丝丝的问题。那时候我的想法是：春蕾小学必须按高标准办学，起点要高，要走专业化路子，学校要安全，要舒心，要温暖，要能尽量满足学生的多样化学习需求。

一所学校要想发展得好，校长和老师是关键。很快我们就开始在全国范围内物色校长。

通过朋友的推荐，2000年3月我们见到了张申华校长，他曾在湖北黄冈地区做过校长，二十世纪九十年代后期随时代潮流去了海南，但干的还是教育工作，有着丰富的教学与教育管理经验。张校长后来回忆说，他第一次来布吉考察时，我开着“大奔”带他跑遍了布吉，招待他的一顿晚宴的花费就相当于他两三个月的工资。说实话，这些细节我记不起来了，但当时我对新校长的重视是的的确确的。对老师的招聘同样马虎不得，春蕾小学实行的是全国招聘的模式。我们选老师主要有两个标准，首先是专业水平、教学能力要过硬，学校是教书育人的地方，我们想办的是真正的好学校。另外一个要求是，我们招进来的老师必须实实在在爱学生，也就是除了高的专业能力和教学水平之外，这个老师还必须是一个温暖的、善良的、有人情味的老师，必须是时时刻刻主动为学生着想的老师。我当时开的工资很高，但是对老师的要求也很高，因此一轮轮筛选下来，符合条件的只有35位老师。

硬件设施齐备了，校长和老师也有了，万事俱备，只欠东风，就差开学来读书的学生了。

万事开头难。招第一批学生不是一件很容易的事，毕竟那时候你还没做出成绩，所有的东西都是构想，怎么让学生和家长相信你说的这些构想呢？用真心，真心是说服一个人最好的东西。为了说服家长把孩子送来春蕾小学，我组织老师在学校附近的各个小区门口摆了很多摊点，见到家长模样的人就去搭讪，只要有人愿意停下来听，我们就真心地、仔仔细细地给他们讲春蕾小学的硬件和软件设施、办学政策、办学目标。我开着中巴车，一个一个摊点去跑，给老师送吃送喝，接送他们上下班。几个月下来，我们招到了300多名学生。这300人是百外教育集团的第一代学生，目前他们已经在我国各行各业崭露头角了。我非常感谢这批学生和他们的家长对春蕾小学的信任，正是有了这份信任，才有了今天我们的相互成就。

2000年9月，春蕾小学如期开学。一辆大巴，一位校长，35位老师，300多名学生，百外教育就这样起步了。与此同时，我还在春蕾小学设立了200万的“国强奖学奖教金”，用来奖励用心教学生的老师和品学兼优的学生。一切努力都没有白费，春蕾小学从一开始就表现不俗。第一个学期，在布吉三十多所学校的抽考中，春蕾小学取得了第二名的好成绩。现在想来真不容易，建校园、选校长、选老师、招学生等等这些事情，我们在很短的时间内就高效、保质保量地搞定了，大家真的非常有激情，非常有干劲。

2007年前后，在龙岗区教师文化课考试中，春蕾小学语、数、英三科的成绩连续两次都排在第一。有一年，深圳市举办“华罗庚杯”数学竞赛，春蕾小学的学生获得第一名，有媒体报道：“第一名居然是春蕾小学！”相关的办学成绩还很多，这里我就不一个一个地讲出来了。我只想说明一点：春蕾小学的办学成绩达到了建校之初制定的目标，我们对得起学生和学生家长，也对得起自己。

从起步到走向正轨，从一所学校到多所学校，我有了一个很重要的认识，这个认识是什么呢？

我刚开始办学的几年是深圳发展的早期，那时候全市的教育基础都很薄弱，所以民办学校的招生并不难，这也意味着像我这样的民办学校的投资人是能挣钱的。但就像我在上一节提到的："既然要搞教育，就得以公益性和社会性为中心来好好搞。"挣钱肯定不是我办学校的目的，我没有把办教育挣的这点"小钱"存进银行里。我干过多年的房地产，房地产的利润比办学校高多了，我要是想挣钱、想挣大钱，肯定还会一心扑在房地产上，而不是来搞教育。

熟悉我的人都知道，这些年我逐渐把精力从挣钱的房地产转到花钱的教育上了。虽然民办教育的学生要交一些学费，但这对于教育投资来说远远不够，必须用我办企业挣的钱补贴教育。如果要算成比例的话，花的钱中，我从房地产那边拿过来的钱绝对是大头。这些钱都花到哪里去了？花到学生身上、花到学校去了，我用这些钱购置和升级各种教学设施，请更多更好更负责的老师，吸收更先进的教学理念，我用这些钱努力让每一个学生都成为有用之才，让他们爱知识、爱自己、爱父母和亲朋好友、爱社会、爱国家。

现在来回答上面那个问题，我得到的认识就是：在决定办教育之前一定要确保自己有很强的社会责任感，要让社会责任感成为办学的原因；办教育的过程中更要有社会责任感，要让社会责任感成为办好教育的无穷动力。社会责任感在这两个过程中要怎么体现呢？总结起来就是办教育要全身心投入，要不怕付出，办教育不能婆婆妈妈、不能斤斤计较，办教育要摒弃"私心"、要牢牢抓住"公心"。

第五节　一路跋涉与积淀

2002年，《中华人民共和国民办教育促进法》颁布，我国民办教育的发展步入快车道。

此后，深圳的教育事业呈现出了公办教育与民办教育“双轮驱动”的发展情形，公办教育帮助民办教育提升教学质量和办学水平，民办教育通过硬件投资弥补公办教育在相关资源上的不足，两者相互补充、共同进步。最重要的是，该法的颁布给我吃下了一颗“定心丸”：新世纪，国家大力支持民办教育，民办教育是可以大胆搞的，民办教育是大有可为的，民办教育是可以为社会、为国家造福的。自此，我办教育的进程提速了。2002年，深圳市百合控股集团与深圳外国语学校合作，成立了深圳外国语学校分校，也就是百合外国语学校的前身，这是提速的显著标志。

成立后的第一个学期，百合外国语学校只有106名学生、19名老师。同样是起步阶段，春蕾小学有300多名学生、35名老师，学生数量是百合外国语学校的近三倍，老师数量是百合外国语学校的近两倍，起步期的百合外国语学校无疑是更难的。但这个问题难不过另外一个问题，就是百合外国语学校的办学模式和春蕾小学的办学模式不同带来的整合问题。春蕾小学的办学模式是通过引进高素质人才，进而快速提升学校的教学质量，到百合外国语学校成立时，春蕾小学已经取得了较多不错的成绩，也意味着这条路不错。然而，百合外国语学校走的是公办与民办合作的路子，换句话讲，百合外国语学校走的是整体引进高质量办学模式的路子，涉及学校管理和老师教学等各个方面。

相对于春蕾小学的路，百合外国语学校的路更弯弯绕绕、更险象环生。这么难为什么我们还要坚持走呢？因为从引进模式之初我就意识到，难是暂时的，只要勇敢闯过难关，越难的事情往往就越容易快速得到大的成果。办学模式的不同也意味着春蕾小学办学两年来我们取得的经验，无法用于百合外国语学校。又要摸着石头过一次河了，这充满了不确定性，但老实讲，学生家长的殷切期待给了我很大的信心。

深圳大学张兆芹教授在《百合绽放》序言中写道：“百外人发扬深圳敢想、敢做、敢闯的精神，一路跋涉，一步步积淀校园文化，一点点积累教育教学经验，最终成绩得到肯定，口碑得到认同，创造了辉煌的成就。其间的艰辛与坚守，挫折与成就，表现出百外人对教育有承诺，有追求……在百外文化的创立与传承中，每位百外人都是实践者与推动者。”别无他法，就像张兆芹教授说的：“敢想、敢做、敢闯的精神，一路跋涉，一步步积淀校园文化，一点点积累教育教学经验。”面对新模式带来的新挑战，百合外国语学校没有被吓倒、没有退缩，我们迎难而上，我们努力用好深圳外国语学校的优势资源，结合自身条件不断吸收和进步。最终，我们不仅将新模式带来的不确定性变成了确定性，还驾驭好了它、用好了它。过了这一关后，百合外国语学校的办学成绩直线上升，完全符合我此前的期待。这条路，也走对了！

2014年9月，深圳市百合控股集团实行自主办学，学校由“深圳外国语学校分校”更名为“深圳市龙岗区百合外国语学校”，百外在成长为“大树”的征程上迈出了大大的一步。现在再回想起那一刻，我依然很激动。2018年，深圳市百外教育集团有限公司由深圳市百合控股集团投资成立，自成立以来，秉承着“服务家乡，造福桑梓”的办学宗旨，勇于承担社会责任，百外为深圳提供了大量的优质学位。这时，百外已然变成了一棵“大树”。

2020年9月，龙岗区百外世纪小学启用。2021年9月，由深圳市百外教育集团投资创办的高端民办九年一贯制学校深圳百合外国语福泉学校正式开学，这是集团迈出深圳办的第一所学校。2022年1月，百外春蕾小学和百合外国语学校正式合并为九年一贯制学校。2022年9月，深圳市大鹏外国语小学开学，它是大鹏新区管委会与深圳百外教育集团联合创办的一所新型公立学校。2023年，龙岗区百外世纪初级中学启用。现在，以百合外国语学校为基础，百外教育集团已经发展成为涵盖幼儿教育、义务教育等教育领域的跨省市民办教育集团。至此，我们可以说，百外已经成长为一棵“参天大树”。

前面提到，百合外国语学校曾经走过公办、民办合作的路子。这种合作模式，对今天的百外教育集团影响巨大，我们如今在外地办的学校，本质上也是公办加民办的合作模式。然而，二十年后的百外和二十年前的百外已经有了本质区别。二十年前，百外是办学模式的引进方；二十年后，百外是办学模式的输出方。从引进到吸收，从吸收到输出，这一进与一出，很好地体现了百外二十多年来的高质量发展。

现在，百外已经成为深圳全市乃至广东全省民办教育的一面旗帜。甚至可以这么说，在深圳，但凡家长想让自己的孩子去一所优秀的学校，百外就一定会出现在他们的话题中。二十多年来，我在教育上投入了巨额资金，3万多个孩子从百外走了出去。对我来说，百外在学生和家长中得到好口碑，是一件很幸福、很欣慰的事情。我这一生中，虽然让我开心的事情很多，但它们中的绝大多数都比不上百外获得的好口碑。

这一节的时间跨度，正如我们上面梳理的，有二十多年。二十多年，说短也短、说长也长。这二十多年来，我在办学校、办教育上花的精力是我上面这几段话远远不能表达的。到了结尾，本来还有很多话想说，但又担心讲起来没个头，那就说一句吧：没有《中华人民共和国民办教育促进法》给我的底气，没有一个又一个民办教育的利好政策，百外不可能成长为今天这棵“参天大树”。

第六节　新的构想、新的目标

本章的最后一节，我想谈谈未来。未来我要办什么样的教育呢？有一点毋庸置疑，那就是要办比过去更好的教育。这是个比较大的规划，要分成两部分来讲，一个是比较具体的构想，另一个是目前还比较宏观的构想。

先来看具体的构想，它分为两个方面。第一个方面已经基本成形了，那就是到2025年，百外教育集团旗下的又一所学校——深圳市百合外国语深汕高级中学将开学招生。百外教育集团拟投资21.58亿元将这所学校建设成为一所有72个班级的全日制高中，它将能提供不少于3000个优质学位。我希望百外深汕高级中学可以成为百外发展史上的又一个关键节点。什么是关键节点呢？我的理解是这样的：基础教育阶段，不仅仅包括九年义务教育，也包括高中三年的教育。我希望就读百外系列学校的孩子在这里走完成年前最重要的阶段。我们有十足的动力去冲刺下一个目标。

第二个方面来自我的一个梦想，目前已经初步成形。我想办一所孤儿院，让那些无依无靠的孩子有机会在百外的系列学校接受优质的教育。一个人的出身并不能代表什么，出身只是人生开始阶段的一个点而已。我一再说，知识改变命运，教育改变人生。所以我坚信，只要培养和教育好孤儿院里的这些孩子，他们中的很多人，未来都会有机会成为伟大的科学家、企业家、文化大师等。到那时，他们不仅会成就他们自己的人生，也会成就整个社会、整个国家。办一所孤儿院，无论如何都是一件积善行德的好事情。

再来看宏观的构想，这个宏观的构想同样包含两个方面。第一个方面是要拓展百外办学的广度和深度。百外现有的发展图景中，从幼儿园到小学、从初中到高中都有了，所以，未来如果可以的话，我想把百外的教育线延长到大学教育中去，这不仅可以惠及更多的孩子，反过来也有利于百外远期的发展。百外一旦有了完完全全的教育线，且各个节点又能有机地联动起来，教育水平肯定会有质的提升。如果真的能够落实，那一天的百外，一定会人才济济、活力无限、希望满满。这就是我想讲的广度，那么深度是什么呢?

根据我在前面几节的介绍，大家或多或少都了解到了，就是百外现在创建的学校，主要都分布在深圳，最远也只办到了贵州福泉。深圳是百外的大本营，福泉那边我们也只办了一所学校，这对于扩大百外的影响力、传播百外优秀的教学模式来讲是远远不够的，所以我的规划是要让百外尽可能地走出舒适区，多去其他地方看一看，拿出百外创立初期那种敢闯、敢拼的勇气，去更远的地方扎根，我希望有更多的孩子能够享受到百外优质的教育资源。这便是我要讲的深度。

我们这一代人，遇到了最好的时代，要知恩感恩。从改革开放一路走来，我们有足够好的条件、机遇、环境去实现个人抱负，我们是幸运的。现在和未来，我们行走于实现“中国梦”的伟大征程中，条件、机遇、环境会越来越好。有了这个无比美好的时代作为支撑，我对我未来的办学事业充满了期待。种种幸运加上种种美好，让我更加坚定了把教育当作终身事业的信念。

教育是民生之大事、民族之大事、国家之大事。未来，在我的有生之年，我一定会倾尽所有力量来做好这件民生之大事、民族之大事、国家之大事！

附录　凌国强办学大事记

1993年，深圳市百合控股集团有限公司创立，凌国强创业成功。

1997年，由于百合控股集团开发的住宅项目需要配套建设幼儿园，凌国强开始在教育上“试水”。

1999年，凌国强在五台山遇见禅师，禅师建议他“办教育”“但不能误人子弟”。

2000年，凌国强创办百外春蕾小学，并设立了年过200万元的“国强奖学奖教金”。

2002年，深圳市百合控股集团与深圳外国语学校合作，成立了深圳外国语学校分校（百合外国语学校前身）。

2007年，在龙岗区教师文化课考试中，春蕾小学语、数、英三科的成绩连续两次位列榜首。

2014年9月，百合控股集团实行自主办学，“深圳外国语学校分校”更名为“深圳市龙岗区百合外国语学校”。

2018年，深圳市百合控股集团投资成立深圳市百外教育集团有限公司。

2020年9月，深圳市龙岗区百外世纪小学正式启用，百外稳稳行走于深耕教育事业的征程上。

2021年9月，深圳百合外国语福泉学校正式开学（学校位于贵州福泉），这是集团迈出深圳办的第一所学校。

2022年1月，百外春蕾小学和百合外国语学校正式合并为九年一贯制学校。

2022年7月，百合控股集团捐赠1.5亿元，在香港中文大学（深圳）设立了“道扬书院”。

2022年9月，深圳市大鹏外国语小学开学，这是大鹏新区管委会与百外教育集团联合创办的一所新型公立学校。

2023年，龙岗区百外世纪初级中学启用，百外在中学教育领域扎实前行。

2025年，深圳市百合外国语深汕高级中学计划开学招生，提供不少于3000个优质学位。

…………

第二章 教育·个人

教育引人向善，让人心安

通过声音感受

教育的力量

小引

“什么是心安呢？”我相信很多人都会问。心安就是让心回归它原有的位置。

既然这么重要，那怎么才能做到心安呢？这是本章着重去讲的问题。心善是心安的基础，所以要想做到心安，肯定得先学着做到心善，这是第一节会讲到的逻辑。教育要引人向善，这句话说起来简单做起来难，所以我紧接着在第二节具体讲了与此相关的一些方法。

教育不能偏离人的本心，这是对教育让人心安的直接表述，但是越明明白白的东西大家往往越容易忽视，因而在第三节我着重讲了这一点。让人心安的方法还有很多，例如我们要学会归心，还要做到不自弃、不自满、不自怨、不自恃，在第四节、第五节我会详细介绍这些内容。

今天，教育依旧可以改变个人命运，我在最后一节强调这个道理的原因不复杂——它是教育让人心安的一块压舱石。明确了这个道理，施教的人和受教的人就有了一颗定心丸。

本章囊括了教育让人心安的重要性和众多方法，按行文结构来看，方法要谈得多一些。为什么这样设置呢？因为很多道理大家都容易懂，但具体怎么做是多数人面临的难题，所以我想我要多谈方法。阅读完本章，希望大家在受益于这一设置的同时，也能学会和用好这些方法。

>> 教育的本质就是教化人心，让人的心灵得到安慰。我们反复讲，人的心灵如果得不到安慰、得不到归位，那么这个人就是飘忽的灵魂，居无定所，找不到归宿，也成就不了自身，更别说成就社会了。

第一节 善始于心，终于行

教育首先要引导个人向善，这不是我一个人说的，“教”和“育”两个字本身很早就指出来了。

我们先来看看“教”字。“教”字早在商代的甲骨文中就出现了，甲骨文中的“教”由表示拿着器械施教的“攴（pū）”和表音的“爻”组成。在增加了表示儿童的“子”后，“教”字慢慢地变成了我们今天熟悉的样子。

孩子怎么教？“教”字的构成已经体现得很清楚了。那就是用棍棒、用器械去督促孩子。

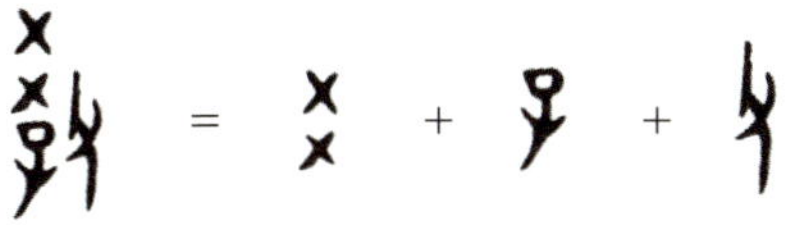

有一点要展开讲一下，就是“教”字虽然出现得很早，但教育真正普及的时候，已经是春秋战国时期了。西周时期，基本上只有达官贵人的孩子才可以接受教育，平民和奴隶的孩子很难有学习知识的机会。到了春秋后期，孔子说“有教无类”，这是一个很大的进步，有机会接受教育的人增加了不少。

再来看看“育”字。“育”字的部首是“月”，“育”字和“毓”字读音和意思都相同，而“毓”的部首是“母”。从“育”字和“毓”字的部首出发，很容易理解什么是“育”，“育”就是生养，“育”就是母亲十月怀胎过后又辛苦培养孩子长大成人的过程。

孩子怎么育？为人父、为人母应该多去陪伴孩子，在陪伴中一点一点地去引导孩子成长。

最先把“教”字和“育”字用在一起的人是孟子，孟子不仅是著名的思想家，也是伟大的教育家。他说：“得天下英才而教育之，三乐也。”也就是得到优秀的人并且有机会教育他们，这是第三大快乐。父母和兄弟姐妹都健健康康、没有灾病，这是孟子口中的第一大快乐；无愧于天，也无愧于别人，这是孟子口中的第二大快乐。教育在孟子心中能够排到第三，他对教育的重视程度可想而知。

东汉的时候有一个人叫许慎，他编写了一本书叫《说文解字》，这本书是世界上最早的字典之一，书中集中解释了“教”字和“育”字：“教，上所施，下所效也；育，养子使作善也。”

什么是“教”？许慎明明白白地讲出来了，“教”是一种动作、一种行为，表示的是上面做什么下面也跟着做什么。对老师和父母来讲，“教”是去示范、传递。所以，为人父母千万要注意自己在生活中的言行举止，要做孩子的榜样。对孩子来讲，“教”是去模仿、学习，孩子的模仿和学习能力很强。通俗地说，许慎讲的“教”有一点等同于我们今天讲的上行下效。

“育”呢？这是教育的重点，是今天很多父母都忽视了的重点，“育”就是要将孩子培养成为有善心、做善事、行善举的人。虽然老祖宗强调了教育是让孩子、让个人向善的一种途径，但是我还是想讲，让孩子、让个人向善是教育最重要的意义之一，父母不能忘、孩子也不能忘。

“教育”组成一个词语，意思很明显，它的核心是教人向善、引人向善，是为人父母不厌其烦地督促和启发孩子，是为人父母一天又一天地给孩子示范，更是为人父母年复一年地传递出榜样的力量！

这一节，我们从“教”字讲到“育”字，再讲到“教育”这个词，一方面从根本上讲了教育是什么，另一方面也引出了教育的一个最重要的意义——引人向善。为什么这一章的第一节我就要讲教育首先要引人向善呢？因为这一章的主题是教育让个人心安，心善是心安的前提，只有心善了，才能谈心安，对不对？

心要是不善，大概率是找不到做大事、成大事的专注力的；心要是不善，即使短时间内碰运气找到了一些专注力，做成了一些事情，这也不值得高兴，因为这些碰巧做出的事情大多对个人、社会、国家的长远发展好处不大。

我再补充一句话，孩子是个体，会长大成人，引导孩子向善等同于引导个人向善。家长要让孩子明白，不但要有爱心、善心，还得为此付出行动上的努力。

第二节　教育“三问”

前面我们讲教育首先应该引导个人向善，很明显，只强调重要性却又不讲方法肯定是不行的，所以这一节我们紧接着谈谈如何引导个人向善这个话题。怎么办呢？我们先不着急听答案，先来看看教育和教学的关系，搞清楚这个关系有利于我们找到引导个人向善的方法。

在我看来，今天很多家长在教育这个问题上的迷茫，是由搞不清楚教育和教学的关系引起的。有时候是孩子的教育出现了问题，有时候是孩子的教学出现了问题，但是家长很多时候都一股脑儿地把它们当成教育问题去处理。

这就像病人去医院看病，医生只知道病人是因为发烧来的医院，却不去搞清楚病人到底为什么发烧，并用一种方法去治疗所有发烧的病人。搞不清楚是什么原因引起的发烧，就永远没有办法做到对症下药，病也就永远不能根治。退烧药药效一过，病人又开始发烧了，问题不仅没有得到解决，反而还有变得复杂、严重的危险。

笼统地讲，教育和教学密不可分、相互成就。然而，教育和教学不能当成一回事来解决。我们讲的教学，是指老师教知识、学生学知识。一个人假如没有扎实的知识，他的思想、眼界、境界是提高不了的，他永远都只能站在自己那一亩三分地上看问题。假如你只有小学三年级的水平，那你永远都只会用三年级的眼光思考问题、解决问题。从我个人办教育的经验来看，当你知道的东西多了，你的眼界、思维、思想才会不断地提高，也才能到达引导个人向善这个层面。

教育比教学深刻得多，真正的教育是让一个人有理想、有目标、有奋斗动力。但没有基础学识作为楼梯，我们是没有办法上到教育这一层楼的。基础不牢，地动山摇。基础不好的人就像无头苍蝇一样的，不知道去哪里，作为孩子的时候迷茫，长大成人过后更迷茫，更不要说为他人、为社会、为国家做好事、向善的事了。

讲到这里，我们可以简单地理出这样一条逻辑关系链条——引人向善是教育的出发点，教育很大程度上又需要教学来支撑，所以要想引人向善，我们必须重视对基础知识的学习，也就是要重视教学。

我搞了多年教学，就教学本身来看，其实一点都不复杂，因为上级部门对老师要教什么知识、学生要掌握什么知识有明确的规定。只要老师对所教的知识及时地查漏补缺、学生对所学的知识及时地温故知新，教学大概率就不会出问题。但是说回教育，家长就迷茫了。这本书要给家长看，要给家长说明白，教育虽然说是人类的一项伟大的工程，但也没有想象中复杂。

既然教学是教育的一个重要的基础，而教学又复杂不到哪里去，所以在我看来，教育也可以变得简单。从我的经验来看，家长只要解决好以下三个问题，孩子的教育基本不会出现太大的偏差：第一，孩子在什么样的学校学习；第二，孩子要跟什么样的老师学习；第三，孩子与谁为伍。三个问题当中，前面两个和教学直接相关，后面一个和教学间接相关，毕竟孩子的朋友、玩伴大多是学校的同学。

如果家长把这个教育“三问”想清楚了，孩子的教学问题也就不需要操心太多，孩子的教育也就成功了一半，甚至一大半了，引人向善这个问题也会迎刃而解，这就是我们最开始讲到的教育应该如何引导个人向善的答案。

这里只大概讲一讲教学对于搞好个人教育、引导个人向善的重要性。当然，要想把教育当成一条路来帮助孩子获得扎实的知识、帮助孩子长大成人、引导孩子向善，除开教学之外，还需要父母在日常生活中花费心思，这些我们会放在后面来讲。

第三节 教育不能偏离人心

教育让个人的本心不偏离的过程，从某种意义上来讲也就是教育要让人心安的过程，所以我们要把这一点当成一节放在这一章。这一节，我们分两部分来讲，讲为什么，也讲怎么做。

先来看看为什么。为什么说教育不能偏离人的本心？这个问题其实我们前面也有讲到，所以这里简单提一下。

我们看问题要看本质，教育的本质就是教化人心，就是让人明白一些道理，这些道理不仅仅是课本上的知识和生活中的常识，它还包括很重要的一点，那就是要让人的心灵得到安慰。我们反复讲，人的心灵如果得不到安慰、得不到归位，那么这个人就是飘忽的灵魂，居无定所，找不到归宿，他是成就不了自身的，更别说成就社会了。

再来看看怎么做。什么样的教育才能教化人心、让人心安呢？这是个很复杂的问题，三言两语讲不完，但是有侧重点，父母可以照着这个重点去做。

学校管理学生，是从人心的角度考虑的。就拿我们学校来说，有两个很细节的点。第一点，负责一、二年级的老师整体上都比较年轻，亲和力也强，这些老师更能去帮助那些刚刚离开幼儿园的学生更快地适应新环境。第二点，我们学校对老师提出了为师之道、为师标准，也就是提出了对老师的两个要求：喜欢学生和让学生喜欢。所有老师进来就按照这个要求去做就行了，去喜欢学生和去让学生喜欢。

对学生、对老师，我们这些很细节的做法都是以考虑和关注人心为出发点的，这个做法始终都不会变。

教育孩子不偏离人心，就要让他们学会自立，自身立得住了，才不会轻易就左摇右摆，才会专注，才会心安，这就是我前面提到的侧重点。孩子不会自立，永远成不了人。人都成不了，又讲什么成才？做父母的，让孩子通过自身的努力得到自己想要的东西，这个过程就是教孩子自立的过程。现在很多孩子，都十几岁的人了，连鸡蛋都不会煮，他们以后怎么在社会上生存？

我一直认为孩子要苦养。现代社会经济环境好了，家庭条件也好了，为什么我还要建议小孩要苦养呢？因为苦养是让孩子学会自立的一种好方法。苦养不是说刻意地让孩子吃不饱、穿不暖，而是不管是什么东西都不能让他随便得到。只有让孩子知道很多东西来得不容易，他们才懂得去珍惜。比起以前，我们现在的生活条件要好得多，这就要求我们更加注重自己和孩子的个人修行。让孩子知道东西怎么来、从哪来，也是“不忘本”的一种表现、一种做法。

如果一个孩子什么东西都不懂得珍惜，那么他哪里会知道父母打拼的不容易。他不知道，他不明白，这种情况下，这个人是不是会忘了本呢？大概率会的。学会自立，他就学会了解决问题的方式和方法。不自立的孩子，一遇到问题，就只会去找父母，就只会一味地苦恼。

教育不是开玩笑的。要想孩子将来能成人、成才，就要培养他们自立。

苦养就是所谓的变相吃苦，要让孩子在吃苦的过程当中把谋生的技能和技巧都掌握好，学会怎么去生存。吃苦也是很现实的问题，是一种成长、沉淀、积累。你不要什么都不动，什么都不想，什么也不说。一个人假如没有吃苦的经历，那么他就不会经一事长一智，他的思想体系和心智也不会成熟。如果你选择富养孩子，有没有想过一个问题，如果家里的财富有一天没有了，你们的孩子又不会自立，那他们怎么办？

所以说，我们要让孩子学会自立，最好是要在苦养、穷养的环境中去磨炼孩子。这个问题一定要重视起来，要让他们掌握使自己心安的本领，这是成就大事、成就个人的本领！

>> 我们要让孩子学会自立，最好是要在苦养、穷养的环境中去磨炼孩子。让他们掌握使自己心安、能够心安的本领，这是成就大事、成就个人的本领啊！

第四节 利他先行，方得心安

教育要取得效果的前提是小孩的心要在、要归心，归心说的是什么？就是他要有专注力、要心安。如果专注力不在、心不安，很现实的一点就是，你要想让孩子在某些方面有所发展，那基本上是不可能的。我们今天这个社会的诱惑太多了，攀比现象太多，大人在攀比，小孩也在攀比，这些东西会严重破坏和分散小孩的专注力。

要我讲，社会上这些形形色色的诱惑都和我们的两颗心有关，这两颗心我们每个人都有，一颗是公心，一颗是私心。人心之所以这么复杂，是因为我们一辈子都在找这两颗心的平衡点，想怎么处理好公心和私心，既想让自己获得一些个人利益，又想对社会有一定的贡献。好多人在处理公心与私心的时候，都没有认认真真地看待和取舍。

如果公心和私心的问题处理不好，就会出现矛盾，会让人脑袋发昏。公私的问题，怎么处理呢？

私心很好理解，就是利己，对自己有好处、有利益的心。公心也不难理解，就是一颗为他人、为社会着想的心。总是着重于私心的人，是形成不了专注力的。想吃自己这一头，又想吃公家那一头，人就不会心安，心思会被分散、被打乱。中国有句老话叫“针无两头利”，缝衣服的针不可能两头都是利的，两头利的情况下它会伤害对方，也会伤害自己，这是老祖宗留给我们的生活智慧。所以我们在处理两颗心的问题时就要做选择，但既然我们没有办法心安理得地做一个纯粹的利己的人，那我们就“利他先行”吧。

我在《心明》里讲过这样一句话：我们讲话、做事都要先站在别人的角度想一想。如果凡事都从私心的角度出发，对方第一时间就会对你有所防备，你们之间会有隔阂，也会在往后的相处中不和谐。在周边的人都对你有敌意的情况下，你的心还能专注吗？肯定不能了。心思都被带走了，人的精气神、专注力还在吗？肯定不在了。所以“利他先行”到最后都还是利己，解决公心与私心这个问题的时候，“利他先行”一定是好办法。

处理好两颗心的问题，我们自然就有了专注力，归心这件事自然也就有前提了。

我多次讲：“心若在，则无事不成。”这句话放在教育里也一样。刚刚讲的两颗心的问题，在学校里有，往大一点看，在整个教育里也有。我们在每个学期，或者每一天，或者每一节课开始的时候，都不建议老师拿起书就讲。你急什么，为什么要急？这样教书没有效果。没有效果的原因是什么？孩子的私心、天性就是爱玩，只有让他们的心真正归位到课堂里了，再去讲，这样才有效果。他们的心没有真正地回归，你讲什么、讲得再好、再好的老师讲都是对牛弹琴，起不到什么作用。

我们的小学部，为了让孩子的心可以静下来、培养他们的专注力，每周都会抽出一个课时作为写字课。练字不仅仅是书法的问题，也可以在很大程度上培养孩子的专注力，让他们的心回归平静。孩子的心有没有归位，有些时候凭借经验一眼就能看出来，但从长时间来看，要想把握得更准，还需要和孩子多互动、多交流，这个互动和交流跟教科书上的知识没有任何关系。

总的来讲，教育要朝着心安这个大方向走的话，我们就必须处理好两颗心的关系，做到“利他先行”，给孩子创造一个好的环境，培养孩子的专注力、让孩子归心。另外，我们作为老师、作为父母，平时不仅要多和孩子沟通，了解他们的性格、心思，也要尽最大努力给他们创造归心的条件。

教育需要一步一个脚印，想要一下就做到最好肯定是不可能的。孩子要长大成人，成为一个归心的人、一个心安的人、一个有用的人，这需要父母和老师多花心思、多花精力。

第五节　教育“四不自”

“四不自”讲的是我们的为学之道、求学之道。“四不自”即不自弃、不自满、不自怨、不自恃。

大家都知道成年人的人性不简单，孩子虽说不成熟，但他们的人性有时候很复杂。孩子的复杂，表现在学习上就是经常嫉妒、自卑、自满、蔑视、自以为是等这些负面的情绪。毫无疑问，一旦有了这些负面的情绪，孩子就很难找到学习上的专注力。我讲的这四个“不自”，也就是要让孩子把他的专注力放到学校里头、回归到自己的人生里头。一个人在自弃、自满、自怨、自恃的情况下可以有所成就吗？显然是不能的。

下面我们仔细讲讲这四个“不自”中的大道理。

先来看看不自弃。什么是不自弃？不自弃就是遇到困难的时候不抛弃、不放弃。如今有些孩子从小被父母捧在手心里，没吃过什么苦，更别讲遇到大的困难和挫折了，但是学校这个环境不一样，社会这个环境更不一样。在学校里，孩子在学习的过程中、和老师同学相处的过程中会遇到很多的困难。长大成人进入社会以后，孩子遇到的困难不仅会越来越多，还会越来越大。怎么去面对？

在这种情况下，能够做到不自弃就显得尤为重要了。以我的经验来看，那些往后有成就的孩子往往都是异常坚定的孩子，他们遇到不会做的题目会想尽各种办法去解决，查资料、问老师、问同学，他们不会一看到很难的题目就跑去做其他事情，不再管这道题了，题目越难，他们往往越可以专注地去思考。还有些孩子，在长大成人后去找工作，稍微不顺心、被拒绝几次就心灰意冷，要么什么都不想做，要么就干脆躺在家，这样怎么能够做成事情呢？一个人的理想是需要长时间集中精力去完成的，如果你自己都放弃你自己了，谁还能救你，谁还能救你的理想？

自满可以讲是一种心病，才取得一点点成绩就骄傲得不行，一次考试考得99分就认为自己很厉害了，就不努力了，他很少会去看班上还有很多同学也考得98分。人这一辈子有很多考试，在学校里有小升初考试、中考、高考、考研等，出了社会还要考驾照等各种证件，一次考试考得好你就满足了、不思进取了，那其他的考试怎么办？就算你在你的领域做得很好了，出了这个领域你可能也还是什么都不懂，你最终还是要集中精力去学习更多东西啊！我们一直讲“骄傲使人落后，谦虚使人进步”。自满是肯定不行的。

自满还会造成一系列的问题，比如这种心理会发展成既容不下自己也容不下他人的心态，到这种程度就非常可怕了。大桶有大桶的满，小杯有小杯的满，老祖宗讲满了就要亏、就要溢出来，所以我们还是要谦让，是不是？不自满，任何人都必须这样严格要求自己，不要因为自己取得了一些阶段性的成果，就认为自己天下第一。你这样，局外的人会笑话你。有一天你醒悟了，回过头来看，肯定也会笑话以前的自己，我们千万不能做这种蠢事。取得一些成绩后，我们一定要再接再厉，保持专注，把心收好，去登更高的山、看更好的风景。

自怨，讲的是埋怨自己，老是悔恨自己的错误，是一个贬义词。自怨的人啊，他会把很多精力都放在过去的事情上，他老是去想自己过去做错了什么，想自己为什么要做这样的错事。事情已经过去了，我们都回不到昨天，整天想过去的错误很容易让人消沉，让人分心。我们讲看过去可以，但是我们看过去是为了未来能有更好的发展，这就像学历史一样，学历史很大的一个目的是可以更好地看清楚明天是什么样子，不至于总是摸着石头过河。我们看过去犯错的自己，要看的是自己为什么犯错、将来又怎么去避免再犯同样的错误。

这里多讲两句，自怨的人往往都是不自爱的，自怨的人通常自暴自弃，不爱惜自己，不爱惜自己的精力和才华，不爱惜时间，更不爱惜自己的未来。你都不爱惜自己了，又怎么谈得上去做出一番大事业呢?

最后是自恃，就是过于自大自负、自以为是的意思。自恃是很现实的概念，我们从“恃”字去理解，具体表现就是一个人不谦虚、不谦让、不谦卑，看不起那个，看不起这个。看不起别人其实就是看不起自己。所以，我们有了成绩、收获后，不可以恃才傲物、肆无忌惮。自恃本身就是犯了人生的大忌，自恃是自满的极端了，所以说上面说的四个方面是相互关联又是相互独立的。

人一生都是一个学生。孔子说："三人行，必有我师焉。"这个人究竟是指三岁的孩童，还是十三岁的少年呢？是指三十岁的青年，还是六十岁的老者呢？这位大教育家、大思想家的话里是没有具体指代的，人生的不同阶段都是需要不断学习和进步的，这就要求我们活到老学到老，学无止境。不自恃，最重要的就是做人谦虚、谦让和谦卑，如果人生中逐渐少了"恃"、多了"谦"，就会让一个人通过不断学习和精进，达到更加完善的自我、进入更高的精神境界。

总结一下，不自弃的人是持之以恒的，不自满的人是不断进步的，不自怨的人是看得见现在和未来的，不自恃的人是谦虚进取的。我们去做这四点，都是为了让自己的精力能够更集中，都是为了让自己的心回归本位，都是为了心安。教育"四不自"讲到底是每个人的心安之道。

第六节 永恒的定律

现在很多人又开始讲教育不一定能改变个人命运，那绝对是错的！教育百分之一万可以改变个人命运，除非你就是一个懒惰到骨子里的人。父母和老师尽管去教、孩子尽管去学就行了。说教育不能改变个人命运的人，其实表达的是他自己已经放弃去改变自己的命运了。

我们讲教育一定可以改变个人命运，这是永恒的定律，我先以我个人为例子来谈一谈我为什么这么认为。

我小时候家里非常穷，和很多家庭一样，我父亲是家里的顶梁柱，他每天都要在田里累死累活，为的是一家的柴米油盐，为的是填饱家里几口人的肚子，也为了让我们兄弟两人可以读书学习。1983年，我初中毕业后报考了深圳师范学校，成绩过了，体检却没过。作为家中的老大，我总想着父母的负担太重了，想帮他们分担一些家里的负担。当时我跟父亲说，既然体检没过关，那我就不继续读了，初中毕业也很好了，早点从学校出来赚钱，家里还能集中精力供弟弟读书。

父亲听到我这些话，气得马上就拍桌子，说："都穷这么多年了，不在乎再穷两三年，你必须把高中给我读完了，读完高中以后，你想做什么我都不管。”父亲自己虽然没读过多少书，但他是有见识的，在支持儿女读书这件事上也是坚定的。现在想想，父亲的这些见识和坚定对我以后的发展很关键。

三年以后，我高中毕业，这时候宝安县公安局恰好在招民警，他们招聘要求最低学历是高中。我达到了报名的条件并且顺利通过了考试，人民警察成了我的第一份 工作。很明显，如果不是父亲当时坚持让我读下去，我肯定没有这次工作机会。我当了三年警察，这三年我学到了很多，这三年是工作的三年，也是我接受社会教育的三年。通过这份工作，我认识了各行各业、形形色色的人，了解了社会的边边角角，这些见闻和经验都为我后来的教育事业奠定了重要的基础。

当民警那几年，我对犯罪嫌疑人的观察很深。我看到的犯罪嫌疑人，大体上可分为两类：一类是没有什么知识的；另一类是虽然有一些知识，但总想走捷径的。其实这两类人最终会犯罪，问题都出在教育上，前一类是接受的教育不够，后一类是思想品德教育这方面不及格。著名的法国大作家雨果曾经讲过：“多办一所学校，就可以少建一座监狱。”他讲得太对了，多一个人受教育一定就可以多挽救一个人，一定就会少一个人进监狱。

我的命运是因为受教育而改变的，也是因为办教育而改变的。只改变我一个人不够，只发展我一个人也不行，我们每个人都需要有社会责任感，我也想通过办教育去改变更多个人和更多家庭的命运。我办教育这些年，实现了不少当初定的目标，我见到了很多因为接受了良好的教育个人命运得到改变的案例。

有很多人可能会说我的例子是以前那个年代的事情了，在当今时代，教育可以改变个人命运这句话已经不适用了。我个人觉得说这种话还是在逃避，明显是不对的。

的的确确，改革开放以来，我们国家取得了巨大的进步，尤其是进入二十一世纪以来，我们国家每天都有全新的面貌。

我们朝着好的方向在改变，我们的国家也朝着好的方向在改变，这些巨大的进步带来的一个最明显的感受，就是年轻一代的机会更多了，四面八方都是舞台，只要你有能力，哪里都可以跳舞。这个能力就来自扎扎实实的知识储备、来自教育。所以在今天这个社会、这个时代，机会远远够多，教育可以改变个人命运这句话也一定适用。

看完上面这段话，你可能会认为我讲的这些东西太大了，好像没有太多切身感受，那我就再讲讲小的、大家熟悉的例子。

今天总有一些人在鼓吹读书无用论，说有的人在学校读书的时候不怎么努力、成绩很差，后来出了社会又当上大老板了，而他当时的那些成绩很好的同学还变成了给他打工的人。每次听到别人讲这些，我就特别气。这种事情肯定会有，但也肯定很少，这一定是小概率事件，我搞教育这么多年，我还不清楚吗？这种不好好学习还当上老板的人，就算有，也大 概率是那种家底不错的人。不是每个人都有这样的条件，你不要去羡慕，更不要去学他。大多数人都出自很普通的家庭，普通家庭的孩子要想改变命运就一定得靠读书、靠教育。

我们学校的老师一直都和学生保持着很密切的交流，不管这些学生是不是已经毕业了。通过这些交流可以发现，总体上来讲，那些在进入社会后混得好的学生，多半都是当时在学校成绩不错的学生。原因不外乎两点，一个当然是这些学生在学校的时候努力学习，有着扎实的基础知识储备，在今天这个科技为王、知识为王的时代，他们有这些知识，就有了成就一番事业的基础、打造一番事业的眼界。另外一个原因我认为是在学习知识的过程中，这些在校时成绩就不错的学生能耐得住性子，他们的心思一直都在该在的位置，他们是心安的。这些在学习的时候锻炼出来的好的性格品质放在工作上、放在社会上同样也非常管用，他们大概率会取得一番成就。

我看到过一张让我印象很深的照片，照片里有一张饭桌，饭桌旁坐满了十来个人，这些人都是参加国内某个高级经济论坛的核心人物，照片里每个人的毕业学校都被标注了出来，他们毕业的学校是北京大学、清华大学、南京大学、中国人民大学、厦门大学、浙江大学这样的名牌大学。我想看过这张照片后百分之九十九的人都不会再去讲读书无用或者教育改变不了个人命运这些话了吧。

教育之所以能改变个人命运，是因为基础教育、大学教育及步入社会后这三个人生阶段分别都有个“铁三角”，这具体是什么呢？从幼儿园到高中，这个阶段的重点可以归纳为三件事：长身体、长智识、养习惯，这是基础教育要做的“铁三角”，只有把这三方面做好了，就形成了一个稳固的三角，然后成为一个人成长的支撑；而到了大学阶段，同样是长身体、长智识，最后还要长思想。中小学教育阶段需要把一个人的习惯养成好，到了大学阶段就要长思想，如果思想长不好，读再多的书都是没用的；步入社会后，人生仍需要遵循“铁三角”定律，那就是除了长身体、长智识外，还要注重自我修行。这就是伴随人生学习的三个“铁三角”。

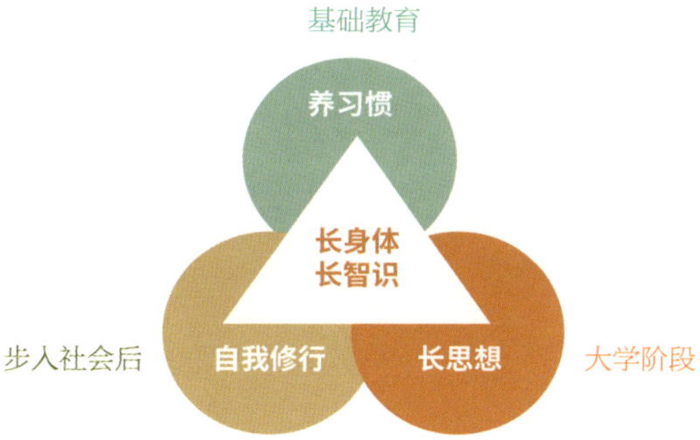

以上讲了我个人的例子，也讲了社会上的一些例子，他们都无一例外地证明了读书有用、教育有用。所以，家长和老师都要坚定走好教育这条路，孩子要坚定走好读书这条路。看到这里你可能也会产生疑问——为什么要把“永恒的定律”当成一节放在这一章呢？因为教育一定可以改变个人命运，我们知道我们的努力很大概率不会白费，所以我们在施教和接受教育时一定是心安的。需要说明的是，这里的心安和前面几节我们讲的心安有一点点区别，这里的心安指的是一个人的心不慌、对前途和命运不焦虑。

附录一 经典名言

1 物格而后知至，知至而后意诚，意诚而后心正，心正而后身修，身修而后家齐，家齐而后国治，国治而后天下平。

——《礼记·大学》

2 我想不到有任何无教学的教育，正如在相反的方面，我不承认有任何无教育的教学。 ——（德）赫尔巴特

3 教育的本质是一棵树摇动另一棵树，一朵云推动另一朵云，一个灵魂召唤另一个灵魂。 ——（德）雅斯贝斯

4 今教童子，必使其趋向鼓舞，中心喜悦，则其进自不能已。

——王阳明

5 黑发不知勤学早，白首方悔读书迟。 ——颜真卿

6 虚心、虚心、虚心，承认一无所知，一无所能；学习、学习、学习，学到人所不知，人所不能。 ——陶行知

附录二 古今事例

01

苏格拉底让学生甩手

苏格拉底和柏拉图都是古希腊伟大的哲学家和教育家，他们俩也是师生关系。苏格拉底给柏拉图上的第一堂课对现在的家长和学生都有启发意义。

据说，开学的第一天，苏格拉底给学生们做了一个动作，那就是把手往前抬，然后往后甩。

“今天就学这个动作。”苏格拉底说。

“这还用学吗？”很多学生不以为然。

“当然，”苏格拉底很严肃地说：“从今天开始，每天你们都要把它做100遍。”

10天之后，苏格拉底问：“谁还在做那个甩手动作？”大约80%的学生举起了手。

一个月之后，苏格拉底又问：“谁还在做那个动作？”大约40%的学生举起了手。

…………

3个月之后，苏格拉底又问：“还有谁在坚持？”这一次，只有一个学生举起了手。他，就是柏拉图。

其实，学习跟甩手也差不多，老师每天教的、学生每天学的并不难，学习在很多时候都是重复去做一些枯燥的事情，关键是学生能不能抵御住外界的诱惑、能不能坚持。

02

董仲舒三年不看园

一代儒学大师董仲舒，从小就非常聪明、热爱学习，读起书来常常废寝忘食。他的父亲看儿子太累了，很是着急。董太公决定在自家房子的后面建一个花园，这样儿子学累了有地方休息。

花园的修建前后花了三年时间。

第一年，董太公一边派人去南方学习，看人家的花园是怎样建的，一边准备砖瓦木料。才动工这一年，园里阳光明媚、绿草如茵、鸟语花香，姐姐多次叫董仲舒去园中玩，但董仲舒不为所动。他手捧竹筒，一心学孔子的《春秋》，背老师布置的《诗经》。

第二年，小花园建起了假山，邻居和亲戚的孩子都爬上去玩。小伙伴过来叫他一起去，但他依然不为所动，仍旧低着头在竹筒上刻写诗文，生怕错写、漏写一个字。

第三年，后花园建成了，亲戚朋友都带自己的孩子过来参观，他们都夸董家的花园很精致。父母叫董仲舒和大家一起去看看建好的花园，但他只是点点头，还是埋头学习。中秋节晚上，董仲舒全家都在花园中吃月饼赏月，可就是不见董仲舒，原来董仲舒又和先生请教诗文去了。

随着年龄的增长，董仲舒对知识的渴求越来越强烈，在读遍了儒家、道家、阴阳家、法家等各家的书籍后，他终于成为让人敬仰的儒学大师。

第三章　教育·家庭

欲教子女，先教自己

通过声音感受
教育的力量

小引

我们每个人首先接受的教育是家庭教育，所以谈教育就一定要先讲家庭教育。

这一章分为六节。有好的家庭环境才能有好的家庭教育，以家庭环境为核心，第一节我讲了好的家庭环境应该具有什么样的特点以及怎样去打造一个良好的家庭环境。孩子受教育的场所很多，家庭和学校是其中的关键，显然，两者联动起来，孩子的教育能达到事半功倍的效果，这是第二节的主要内容。

没有不合格的孩子，只有不合格的父母，父母只有教育好了自己，才能有资格、有能力、高水平地教育孩子，家庭教育离不开父母这两个核心人物，挑出一节来讲父母的重要性是有必要的。我关注和参与家庭教育多年，对家庭教育有了一些认识，它们可以归纳成“四要”和“三忌”，这是第五节和第六节的内容。

以往，我国的家庭教育有较多误区，《中华人民共和国家庭教育促进法》实施后，误区会大大减少，这是可喜可贺的，所以在本章的最后一节，我要特意提一下这部法律和它对于搞好我国家庭教育的意义。

本章的名称很好地概括了本章的主题，所以这里我就先不总结这六个小节了。

>> 家长是孩子的第一任老师。孔子很早之前就说过，不学习、不自省的父母，很难培养出积极上进的孩子。所以说，父母必须与孩子一起进步，以身作则才是最好的教育方式。

第一节　家规、家训不可丢

教育离不开三个平台，第一是家庭，第二是学校，第三是社会。家庭排在第一位，家庭教育搞不好，其他教育自然也搞不好，所以谈家庭教育，一定要先讲家庭环境。家庭环境对孩子的影响很大，那么怎么营造一种好的家庭环境呢？或者说什么样的家庭环境是好的家庭环境？依我看，好的家庭环境往往表现出庄重、和谐、人文三个特点。

先说“庄重”。家庭“庄重”其实就是一个家庭要有礼仪、有规矩、有规范。

孔子在教育自己的孩子时就曾讲到，不懂得社会中的各种礼仪规范的人很难在社会上立足。中国的家训传统长达数千年，父辈受过的教育越好，他们对下一代的家训往往也更为严格。北齐文学家颜之推专门给子孙后代写了《颜氏家训》，书中的很多理念今天依然适用。

颜之推说，积累万贯家财还不如学一些技艺，而技艺中最容易学习、最可贵的便是读书，他认为读书学习对于子孙后代来讲十分重要。另外，颜之推也提到了引导孩子养成孝道的方法，就是为人父母一定要有威严、有慈爱，两者缺一不可！

老话讲得好："玉不琢，不成器；人不学，不知道。"什么意思？不经过精雕细琢，再好的玉材也变不成人人都喜欢的玉器；不经过虚心学习，再聪明的孩子也不会懂得基本的生活道理。中国古代的经典家训实在太多了，又比如司马光在《家范》中提到的：作为母亲，不应该担心自己对孩子没有慈爱，应该担心的是有慈爱却不知道怎样教育自己的孩子。很明显，司马光也很重视家庭教育。

今天，"家规""家训"的意识淡薄了，很多孩子被溺爱，没有规矩、缺少纪律。我始终认为，家庭教育要重视规矩教育，父母要耐心告诉孩子什么能做、什么不能做，尤其应该注重引导孩子遵从良好的传统礼节，遵守良好的行为规范。

我个人也有一套自己的家训主张，比如我在《心明》中讲的"二勿等""三不忘""四若在""五远离""六必恭"等，就是这些主张的具体体现。"少成若天性，习惯成自然。"小时候形成的行为习惯往往会影响孩子的一生，不管是古人的家训主张，还是今天的家训倡议，年轻的父母们都要重视起来。

再说"和谐"。如果父子能够做到忠实相待，兄弟能够做到和睦相处，夫妻能够做到和善相爱，那么这个家庭一定是幸福的、兴旺的。我在《心明》里讲的"和"，指的主要也是家庭的和睦与和谐。俗话说"家和万事兴"，放在教育上也是一样的——家和教育兴。

和睦的家庭对孩子健全人格的塑造很重要。为人父母，遇到事情时如果总是把责任推给对方，那么久而久之，这种行为会潜移默化地影响孩子。所以，有经验的老师都知道，爱找借口、遇到问题爱发脾气的孩子，其所在的家庭往往多有争吵。然而，如果父母总是能够做到相互理解、家庭成员总是能够做到相互包容，那么孩子的内心往往是更强大的、人格往往是更健全的、童年往往是更幸福的。

今后的社会是更讲究团结协作的社会，包容性是孩子必须具备的品质。人一生都在遇见事情和处理事情，因此培养孩子的处事能力至关重要。从我的教育经历和职业经验来看，和谐的家庭更清净，清净的家庭环境孕育出来的孩子，遇事不急不躁，处事不慌不忙，包容性也更强。

诸葛亮讲过一句话，叫“非宁静无以致远”，这句话可以简要地理解成宁静致远，意思就是只有保持身心宁静才能实现远大的理想。和谐的家庭环境是清净、宁静的家庭环境，自然也是能够帮助孩子实现远大理想的家庭环境。

最后说说“人文”。家庭教育中的“人文”，指的是一个家庭必须有重视教育的传统或者家风。

重视教育在中国历史悠久，在家庭教育环境的营造上，古代文人不遗余力。北宋大臣陈省华因“一门四进士，父子三宰相，儿子两状元”在中国教育史上赫赫有名，这段故事对于启发今天的父母如何塑造家庭教育中的人文环境依然很有意义。

经过寒窗苦读后，陈省华考取了功名，他深知一个人成才太不容易，所以很重视对三个儿子的教育。调任济源县令后，陈省华把三个儿子安置到延庆寺内读书，这里不嘈杂，非常适合学习。陈省华工作忙，他的妻子冯氏成为儿子们的陪读，每天晚上都手持香炉陪儿子们读书。二十四孝之一的“冯母烧夜香”，讲的就是这段故事。

重视教育是中国最优良的家风。客家人有“耕读传家”的说法，我本人所在的布吉凌家是典型的客家人，一个半世纪以来出了不少大人物。从先祖凌启莲开始，到光绪皇帝的英文老师凌善安，到中国近代林业科学先驱凌道扬，到民国中央造币厂厂长凌达扬，再到国际IC之父凌宏璋等，凌家先后多人在多个领域有过重大贡献。这些成就的取得得益于我们传承了重视教育的家风。到我父亲这一代，家境虽然已经大不如前，但重视教育的传统没有丢失。

可能有人会讲，自己来自一个普通人家，没那么好的重教环境。其实，任何一个家庭都有家风，为人父母后，你也可以、也需要自己去打造好的家风。这些年，不少年轻家庭在装修的时候把客厅改成书房，把电视墙改为书柜，这就是很好的风气。

总的来讲，打造好的家庭教育环境，父母肯定要从自己做起，少打点游戏，多看点书。这些好的行为习惯如果能够长久地坚持下来，孩子就一定能够得到庄重、和谐、人文的家庭教育环境。有了这样的环境，父母还用担心教育不好孩子吗？答案很明显，肯定不用担心！

>> 《礼记》很早就提出，家长要让孩子尊重老师和老师的学问。同时，家长作为孩子的长辈，自身也要尊重教师，这样才能带动孩子更加尊重老师和老师的学问。

第二节　家校共同体

有人说家庭和学校在教育上是伙伴关系，我看这个认识还不够，我们要在它们之间树立共同体意识，家校心连心才能教育好孩子。

学校教育在教学上花的时间更多，家庭教育的着重点不同于学校教育，家庭教育更关注孩子的德育、心理、人格、习惯等。双方只有全力配合，才能为社会教育出更多优秀人才。在我国，家庭教育和学校教育的良好合作历史悠久。《礼记》很早就提出，家长要让孩子尊重老师和老师的学问。同时，家长作为孩子的长辈，自身也要尊重教师，这样才能带动孩子更加尊重老师和老师的学问。

唐太宗是我国历史上的一代明君，他一再教导孩子一定要尊重老师。有一次，皇子的老师李纲因为脚痛行走不便，唐太宗知道后，不仅特意允许李纲坐轿子进宫为皇子讲学，还让皇子提前去路上迎接老师。还有一次，听人说皇四子李泰不尊敬老师王圭后，唐太宗非常生气，当着老师王圭的面批评了李泰，说："以后你每次见到老师，都要像见到我一样，恭恭敬敬，不能有半点放松。"

在我国古代，私塾是学校教育的主阵地，通过私塾这个平台，老师和父母的沟通很方便，沟通的次数也很多。到了今天，即便公共学校成为教育的前线，很多老师也都还是非常重视家访。

孔子通过家访了解学生的家庭情况。他的学生颜回很穷，在学堂里，只要有人丢了东西就说是颜回偷的。大圣人孔子是一个讲理的人，他决定去颜回家家访，了解清楚他家的情况后，再回到学堂里处理大家都说颜回偷东西这件事。面对老师的来访，颜回家没有东西招待，他的妻子感到难堪、尴尬，只能上街用自己的头发换了一些酒和肉回来。孔子后来知道了这件事情，很感动，便对颜回说："老师不怀疑你，你继续来学堂上课吧。"

今天这个社会是一个信息爆炸的社会，人的思维方式已经有了很大的变化，具体的表现有很多，比如一些优秀的传统已经大大弱化了，"尊师"甚至一度变成了"疑师"，家长和老师之间不再相互信任。二十多年前，我开始进入教育行业时就注意到这个问题了。不少家长只信孩子不信老师，动不动就投诉老师，老师对孩子批评不得、惩戒不得，长此下去，受害的只会是学生。

怎么面对这样的现象、处理这样的问题？家校双方要共同努力、共同行动。

我要求我们学校的老师把全部精力都放在教育和教学上，不能有一点点私心。对老师，我有一个最基本的要求，那就是"做学生喜欢的老师，做喜欢学生的老师"。你都把学生当成自己的孩子了，还会有家长不尊重你？不可能嘛。

家长不能做甩手掌柜，要信任老师、支持老师。比如在学生的自律和自立问题上，学校要求孩子在学校要处理好自己的事情，包括叠被子、整理书桌、按时完成作业等等。家长和学校要有共同的理念，在家里也要要求孩子按时完成自己的事情。如果家校要求不一致，孩子就会在家里一套、在学校里另外一套，这不是真正地养成了好习惯，而是应付老师检查的面子工程。

再比如，学校因材施教，有些孩子会有一些“定制”的作业，这个时候家长得有配合意识，要和学校一起督促孩子完成。

学校、班级、宿舍都是大小不一的集体，孩子在校期间难免会和同学发生矛盾，老师在处理这些矛盾时，肯定会指出一些孩子的不足，家长要理解、要支持。如果孩子回家一哭诉，家长就认为他被欺负了、老师偏心了，那这种教育就是失败的。针对这样的问题，明朝开国皇帝朱元璋说过的一句话我认为很有道理、很有启发意义，我自己经常读，也分享给各位家长：不要责怪老师，哪有让裁缝做衣服，而又不让他合理剪裁的道理呢。

讲来讲去，家长和老师都希望孩子可以成为社会、民族、国家的有用之才。一个孩子能够在不同的成长阶段散发出耀眼的光芒，这一定是家长和老师共同努力的结果。同样的道理，一个孩子能够有十足的发展动力，也离不开家长和老师之间的良好协调、良好信任、良好理解。这里必须再回到文章开头提到的那句话——家校心连心才能教育好孩子。

第三节　育人先育己

家庭教育既帮助孩子健康成长，也是父母的自我修行。我认为育人先育己，没有不合格的孩子，只有不合格的父母。

古今中外都有这样一句话——家长是孩子的第一任老师。这句话对现在的家庭教育影响巨大。苏联教育学家苏霍姆林斯基更是说："无论是家长，还是将要建立家庭的青年，都需要接受家长教育，掌握关于家庭、婚姻的基本道德修养以及教育孩子的必备知识。"中国古代虽然是典型的父权社会，但仍然有很多父母反思自身教育行为的经典案例，这里就不再列举了。

直到今天，依然还有很多初为父母的人没有意识到自己才是孩子最重要的老师，他们不知道怎么去陪伴孩子成长，他们也不知道在孩子的教育中自己应该扮演什么样的角色。他们想知道的，往往只是孩子的学习成绩。这几年，有一句话很流行，那就是："父母这个角色居然不用考试就可以当，太可怕了！"不得不说这是对很多父母的一种反讽。

父母做好了，孩子自然也不会差。很多教育问题看似出在孩子身上，其实往往源于家长。孔子很早之前就说过，不学习、不自省的父母，很难培养出积极上进的孩子。所以说，父母必须与孩子一起进步，以身作则才是最好的教育方式。

民办学校还有自主招生权的时候，小学一年级招生我们要面试学生和学生家长。学生的面试成绩基本上都不错，但是学生家长的面试结果就一言难尽了。家长面试，说到底是家长培训。为什么要面试家长？根本原因是我们在寻找教育上志同道合的人，我们需要先看看这些孩子的家长是不是认可我们的教育理念。

通过面试，我们可以从父母身上看到孩子可能存在的学习问题，可以及时地提醒父母改正自身的问题。有很多家长对此有意见，有些朋友还打电话跟我抱怨，但是我的态度很坚决。

后来，我在公开场合跟这些家长说了面试他们的原因。我说："我出一道数学题给你们——一天当中，孩子有7个多小时待在学校里，那么他们待在家里的时间有多少呢？"家长当然都知道答案，我之所以这么问，是因为我想让他们意识到家庭教育的重要性。我跟家长说："你们自己是孩子一生的老师，当好这个老师可不简单，需要很多专业的知识和技巧。"家长听完后打消了顾虑，明白了我们的良苦用心。

这几年，我一直在筹备一所家长学校，以系统培训学生家长，特别是那些初为人父、初为人母的人，这对他们开展家庭教育很有意义。

传统上，中国家庭以父传子、子传孙这种传承性的家教为主。搞清楚家长教育孩子的目的尤其重要，家长教育孩子的目的是要将长辈的优秀品质传下去，家长自己有问题，或者在“传”这个环节做得不好，自然就意味着这种优秀的品质可能会消失不见，孩子没有办法再去继承和发扬。

只要我们注意观察周边的人就会发现，很多父母的育儿观、教育观都还停留在从长辈那里接过来的经验这个落后的层面，他们的认知没有跟上时代的脚步，这个现象很普遍。直到孩子出问题了，很多父母才进行自我反思，但是这个时候往往已经晚了。

我们都知道，父母如果不教育孩子，孩子就会变坏。但是我们可能不知道的是，如果父母用错误的方式教育孩子，孩子可能会变得更坏，父母往往是最容易犯错的老师。一年级开学的时候，我们经常遇到这样的父母，他们跟老师说的第一句话是“孩子就拜托给你了”。似乎孩子上学了，有老师了，自己终于不用管孩子的教育了。事实上，无论孩子在哪里，总是离不开父母的影响和教育。

据统计，我国目前有近1000万“闲散”的未成年人，其中94%是学业失败的结果，1000万啊！94%啊！这两组数据让人头皮发麻。学业落后、厌学、逃学、离家出走成为产生一系列未成年人问题的原因。导致孩子出现一系列问题的原因虽然很复杂，但家庭教育的失败难辞其咎。

父母自身不修行的话，家庭教育将始终会是个问题。毫无疑问，教育好孩子要先教育好自己！

第四节　家庭教育“四要”

家庭教育这件事，说起来容易做起来难。家长怎么教育好下一代呢？什么时候该严格，什么时候该宽松？家庭教育应该注重什么？很多年轻父母不是很清楚。在我看来，家庭教育有四个要点，其中的第一个要点就是要教会孩子从小就向善。

一个人如果心不够善，那么他读的书越多，对社会的危害往往也就越大。相反，一个人如果心足够善，哪怕他做事情慢一点、钝一点，最终取得的效果也将是很不错的。大哲学家老子在《道德经》里说：“上善若水。”一个有完美道德品行的人，应该像水一样，可以滋润世间万物，这句话其实把向善的本质说出来了。我经常教导我的学生向善，这是我最基本的教育理念。

搞好家庭的向善教育要从父母做起，父母要多有善念、多行善举，不能斤斤计较、自私自利，这样才能在孩子的心中埋下“善”的种子。善是利他的、无私的，不是利己的、自私的，父母平时要多引导孩子真诚待人、乐于助人，可以多带孩子去参加一些公益活动，一步一步地帮助孩子养成同理心、向善心、行善心。

如果我们平时注意观察就会发现，那些向善的人更容易与人相处，更容易被人接纳，也更容易获得成功，这就是所谓的“予人良善，终得福报”。所以，向善的人，不管是在他们的童年时期、青少年时期，还是在他们长大成人以后，这个社会总是会张开双臂热烈地欢迎他们。

家庭教育中，尽孝是尽善的前提，老话讲“百善孝为先”，中国的孝道文化历史很悠久，不孝是重罪，被列为“十恶”之一。但是在今天，我们可以看到和听到很多子女打骂父母甚至遗弃父母的事情。这让我经常想：孝道的教育到哪里去了？向善的教育到哪里去了？而这也表明将孝道教育、向善教育捡回来是必要和迫切的。一个人如果不孝敬父母，怎么可能会宽容地对待别人、诚实地与人相处呢？

对于孩子来说，仅仅有一颗向善的心也还不够，他们还需要养成一些良好的行为习惯，这是家庭教育的另一个要点。我国著名的教育家叶圣陶老先生曾说：“教育就是培养习惯。”我认为他的话很有道理。现在，很多家长把孩子成绩不好归结于他们不爱学习，或者是学校的教育质量差等等，这些家长都忽略了一个基本的事实——教育是一个漫长的过程，养成良好的行为习惯需要很长的时间，提高学习成绩需要足够多的耐心。

培养良好的习惯，父母是第一责任人。孩子要养成良好的行为习惯，特别是要养成良好的生活习惯，还是要依靠家庭教育。有研究表明，在孩子一天的行为中，基本上所有的行为都是习惯性的。所以，父母要在一件一件的事情上具体地去引导孩子，不包办、不替代，多给孩子锻炼的机会，鼓励孩子去做他们自己本来就可以做的事。

其实，孩子的一切好习惯的养成，都与每天的家庭生活紧密相关。英国伦敦大学有一项研究发现，一个习惯的形成通常需要21—90天，运动和饮食习惯的养成时间要短一些，一般只需要66天。孩子养成的习惯是好是坏，责任在父母。孩子的很多学习习惯都来自生活习惯，比如一个善于归纳总结的孩子，平时做事的时候会更有条理，往往更能整理好自己的玩具和生活物品。再比如，一个做题做得快的孩子，往往动手能力更强。很多父母可能都没有想过，家庭教育本身就是学习能力的教育。

现在，不少家长爱打游戏、不收拾房间、天天睡懒觉，却想要自己的孩子养成热爱学习、做事专注的习惯，天底下哪有这么好的事情？甚至有家长为了省事，只要孩子一吵闹就把手机丢给他，这实际上是很不负责任的行为！

家庭教育还有一个要点，那就是要让孩子养成健全的人格。健全的人格包括性格、人格品质、责任感、情绪稳定性、思维开放性五个方面，通俗来讲，可以概括成一句话，那就是要让孩子学会做人。人格教育要从娃娃抓起、从父母抓起、从家庭抓起。老话讲："三岁看小，七岁看老。"孩子小时候的性格和成人后的性格区别不大，现代心理学也很好地证明了这一点。

一个孩子如果没有家教，或是父母溺爱，就很容易对人无礼，严重的还会沾染恶习，甚至是自甘堕落。相反，一个孩子如果家教严格，父母有爱但不溺爱，长大后会更善良、更真诚、更进取、更宽容、更勇于担责。我们经常讲，人长大了需要融入社会，融入社会首先就得学会做人，学会做人首先就得有健全的人格。人格健全的人的社会之路、人生之路一定是越走越宽的。

家庭教育的最后一个要点是父母要教孩子如何学习、如何求知。很多人会说，人出生以来就会学习，学习这件事本身还需要学习吗？其实这是对学习最大的误解，人虽然有学习的原始本能，但这是相对于那些基础和简单的知识而言的，人要想掌握相对复杂、层级较高、能够让自己和社会进步的知识，就一定要具备对知识的渴望和求知的能力。

既然求知这么重要，那么应该怎样教孩子学会求知呢？这就要从“求知”这个词本身讲起了。“求知”的前提是“求”，这个字说明了一切，父母要教孩子有方法、有诚心、有准备地去学习知识，而不是干巴巴地去等知识自己灌入脑海中。即便学校会教给孩子很多学习方法，但我认为求知的基础还是在于家庭。如果一个孩子对知识没有渴望，没有“求”的精神，再好的教学技巧也没有用。

在家庭教育中，父母一定要经常鼓励孩子去探索未知的世界。他喜欢拆玩具，你就让他去拆；他喜欢花花草草，你就让他去种、去看；他喜欢猫猫狗狗，你就让他去玩、去养。只要不是那些不良的东西，都可以鼓励孩子去参与、去摸索。大家都知道，兴趣是最好的老师，孩子在兴趣中专注，在专注中思考，在思考中学习进步，这样下来，哪怕父母、学校不怎么教，他们也能自己掌握很多有用的学习方法。

在日常生活当中，父母一定要让孩子知道：自己的事情一定要自己做。摔倒了要自己爬起来，玩具乱了要自己整理好，东西不见了要自己去找。虽然开始的时候孩子不一定能做得很好，但“世上无难事，只怕有心人”。只要一直鼓励孩子去尝试、去做，时间长了，他们一定能学会做好一件事的本领。有了这些本领后，孩子到学校，基本上都能按时完成作业、主动学好各种知识。

上文中，我简单介绍了家庭教育的四个要点，但讲是一回事，最重要的还是父母看完以后要行动起来，只有做起来，孩子的家庭教育才能搞好。

第五节　家庭教育“三忌”

上面一节讲到，家庭教育要牢记向善教育、习惯教育、人格教育和求知教育这四大要点，接下来讲讲家庭教育中的“三忌”，父母千万要留心！

首先是忌溺爱。80后、90后多为独生子女，他们往往被爷爷奶奶、外公外婆捧在手心里，父母也生怕他们受一丁点委屈，他们当中的很多人从小被溺爱，这造成了一些社会问题，比如啃老族的出现等。现在，这批独生子女大都已经为人父母，他们对子女的教育不但沿袭了父辈的模式，而且受到西方个性教育模式的影响，他们对子女的教育还很宽松。

溺爱的经验教训实在太多了，明代宰相杨士奇溺爱儿子，最终导致儿子被处死，这就是一个典型案例。杨士奇虽然官居高位、才能出众，但在家庭教育方面，却有很多败笔，他对儿子的溺爱主要表现在三个方面：第一，只听儿子说的，不听别人怎么讲。第二，不喜欢别人讲儿子的不好，只喜欢别人夸儿子。第三，即便儿子都已经因为坏事做尽被抓捕了，他都还想方设法包庇他、“救他”。

直到一年多以后，杨士奇死了，他儿子才被定罪斩首。杨士奇对儿子的溺爱或过分保护，印证了那句话——“慈父也多败儿”，这是多么荒唐的事情啊！

其次是忌不加约束的放任式“富养”。改革开放后，“再穷不能穷教育”这样的话讲得很多，这是好事，教育毕竟决定了国家的兴衰。但是，随着我们生活水平的提高，一些教育不到位的副作用也跟着出来了，不少家庭误解为“再穷不能穷孩子”，从而不加约束地放任式富养，让孩子越来越以自我为中心，他们饭来张口、衣来伸手。这导致很多孩子失去自我约束和自我控制能力，只懂得索取，缺乏奉献精神。

这些年，这种富养孩子的弊端已经越来越明显，是时候纠正这种错误的家庭教育模式了。因此可以总结成一句话，那就是我们要提倡“再富也不能富孩子”。

熟悉我的人都知道，我一直反对孩子使用电子产品，不仅仅是反对电子产品上面的电子游戏，就连各式各样的学习软件，我也主张能少用就少用，如果万不得已实在要用，孩子也需要在家长和老师的监督下使用。

我开始办学校的时候，就不允许学生带手机、平板、智能手表这些电子产品进入学校。孩子的好奇心太强了，抵御诱惑的能力还很弱，一旦接触电子游戏，沉迷的概率很大，而一旦沉迷于电子游戏，他们的学习效率就会大大降低。电子游戏厂商在游戏的原始设计环节，就考虑到了要尽可能提高玩家对它的依赖程度，要让玩家离不开它。孩子过早接触这些东西，七魂六魄就会被牵走，这样他们哪还有心思上课、做作业？可能写字的耐心都会丢掉。

很显然，让孩子远离电子游戏不能只靠学校，还需要父母的坚决配合。有些学生还没等到周五，心思就飞到家了，有些家长一开始还以为他们是想家了，谁知道孩子一进门就拿出平板，家长恍然大悟，原来电子游戏比爸妈还亲。不少家长说现代社会的智能化水平太高，要让孩子完全杜绝电子游戏很难，我看未必，主要问题还是家长的决心不够，一旦下定决心，坚持一两个月肯定能见成效。

前面讲到，一些学习软件我也不支持孩子用。现在很多孩子遇到不认识的字，不查字典查网络；作业不会做，不问书本问“作业帮”。“好记性不如烂笔头”，知识是要去“求”的，太容易得到的东西，留不住。

第三“忌”是父母过分望子成龙。为什么我要加“过分”两个字？父母都希望孩子成才，这很正常。但每个孩子都有自己的成长路径，父母的期望过高，大概率会适得其反。

“万般皆下品，唯有读书高。”在父辈们看来，孩子最好要读书，读书可以做官、可以光宗耀祖、可以“一举成名天下知”。在当代，读书、考大学、进官场虽然不再是唯一的路，但望子成龙却一直没有改变。过分望子成龙主要表现在两个方面。

一方面，父母把孩子当成实现自己梦想的工具，自己没有做到的事情，却希望孩子可以做到，自己没有考上好的大学，却希望孩子可以考上，自己没能成名成家，却希望孩子可以成名成家。具体反映到家庭教育上便造成了很多奇怪的现象，比如“虎爸”“虎妈”的出现，他们给孩子强加了巨大的学习压力，让孩子上各种兴趣班、补习班。其实，我一直认为兴趣班不能多、更不能杂，相反，兴趣班要少、要精、要根据孩子的兴趣来。

另一方面，父母在教育上过于焦虑、急功近利。有些父母爱比来比去、爱讲七讲八，他们不能理解自己付出了那么多，为什么自己家孩子的成绩就是比别人家孩子的成绩差。“你看那个谁家的孩子，从来不玩手机，学习成绩优秀，还爱干家务……你再看看你，成绩就不说了，回家就只知道玩手机、打游戏……”这样的教育，不但会击垮孩子的自信心，还会让孩子养成逆反心理，取得的结果恐怕好不到哪里去。

父母在家庭教育中可以做的事很多，可以帮助孩子了解生活，可以帮助孩子养成积极的学习态度、掌握高效的学习方法。这些工作做好了，孩子自己也就成龙了。

除开上面三个“忌”，家庭教育中也还有其他一些“有所不为”的地方，父母平时要注意多观察、多总结，好的家庭教育是靠时间和细心打造出来的。

第六节　教育理念与法

2022年1月1日，《中华人民共和国家庭教育促进法》（以下简称《家庭教育促进法》）正式实施，同一年的5月9日至15日，教育部推行首个全国家庭教育宣传周。至此，家庭教育的地位得到了立法和公权力的支持。

大家知道，我对我们很多优秀传统文化都很推崇。这些年，我发现大家很少提孝道、家训家风、尊师重道这些传统的家庭教育观念了，反而过分强调“快乐教育”和“个性教育”这些新理念。《家庭教育促进法》坚定支持了我国的优秀传统教育理念，非常值得肯定。

例如，该法第十五条规定，“树立和传承优良家风，弘扬中华民族家庭美德，共同构建文明、和睦的家庭关系”；第十六条规定，“教育未成年人崇德向善、尊老爱幼、热爱家庭、勤俭节约、团结互助、诚信友爱、遵纪守法，培养其良好社会公德、家庭美德、个人品德意识和法治意识”。

我一直以来主张的向善教育、孝道、“苦养”、“穷养”等理念，在这部法律中都得到了体现。

这部法律也吸收了一些先进的教育理念，比如该法提出要“树立家庭是第一个课堂、家长是第一任老师的责任意识”“引导其（未成年人）培养广泛兴趣爱好、健康审美追求和良好学习习惯，增强科学探索精神、创新意识和能力”“尊重其参与相关家庭事务和发表意见的权利”。

该法甚至还直接列出了家庭教育的一些方式方法：亲自养育，加强亲子陪伴；共同参与，发挥父母双方的作用；相机而教，寓教于日常生活之中；潜移默化，言传与身教相结合；严慈相济，关心爱护与严格要求并重；平等交流，予以尊重、理解和鼓励；相互促进，父母与子女共同成长，等等。

为配合这部法律的实施，教育部还印发了《义务教育劳动课程标准（2022年版）》，并要求从2022年秋季学期开始，正式将劳动课定为中小学的一门独立课程，该门课程平均每周不得少于1个课时。新课标根据不同学段，还制定了“整理与收纳”“烹饪与营养”“家用器具使用与维护”等学段目标。

对于让孩子多参加劳动，接受基本的劳动教育，我非常支持。其实，劳动不只是洗衣、做饭、打扫卫生那么简单，劳动的本质是孩子用身体力行去丈量物理和心灵世界的过程，劳动也是孩子成长的一个关键途径。很多家长没有意识到，孩子自理能力弱、丢三落四、做事被动、注意力涣散、思维浅化等问题，并不是心理问题，而是缺乏基本的劳动教育导致的。毫无疑问，孩子多参加劳动是有百利无一害的。

特别需要注意的是，《家庭教育促进法》还专门规定“未成年人的父母或者其他监护人应当树立正确的家庭教育理念，自觉学习家庭教育知识……提高家庭教育的能力”。这是对家长的指导，也是对家长的要求，家长的进步可以从学习这部法律开始。

一年多的实践表明，《家庭教育促进法》对家长有很好的指导作用。我从事教育的这二十多年，教育思想和理论一直都在创新，中国的教育事业取得了很大的进步。然而，部分家长不但没有跟上新形势，反而还丢了很多好的传统教育理念，这导致今天社会上出现了很多教育乱象，这部法律的出台无疑有望止住这些教育乱象。

附录一　经典名言

1 为人父母，为业至长久，子孙骄奢忘之，以亡其家。

——《尚书·毋逸》

2 卑幼有过，慎其所以责让之者：对众不责，愧悔不责，暮夜不责，正饮食不责，正欢庆不责，正悲忧不责，疾病不责。

——吕坤

3 宠子未有不骄，骄子未有不败。　——吴楚材

4 人的教育在他出生的时候就开始了，在他不会说话和听别人说话以前，他已经就受到教育了。　——（法）卢梭

5 对双亲来说，家庭教育首先是自我教育。

——（苏联）克鲁普斯卡娅

6 作为一个父亲，最大的乐趣就在于，在其有生之年，能够根据自己走过的路来启发教育子女。　——（法）蒙田

7 事实上教育便是一种早期的习惯。　——（美）林肯

附录二 古今事例

01 断杼教子

“断杼教子”是发生在战国时期的一个故事，见于西汉刘向写的《古列女传·母仪·邹孟轲母》，《三字经》中也有“昔孟母，择邻处，子不学，断机杼”的记载，这个故事与“孟母三迁”齐名。

孟母姓仉氏，孟子之母。夫死，狭子以居，三迁为教。及孟子稍长，就学而归，母方织，问曰：“学何所至矣？”对曰：“自若也。”母愤因以刀断机，曰：“子之废学，犹吾之断斯机也。”孟子惧，旦夕勤学，遂成亚圣。

“断杼教子”这个故事告诉我们，在确定方向和目标后，就不能轻易被外界影响，做事情必须坚持不懈。如果一个人做事情总是半途而废、总是懈怠、总是开小差，那么即便这个人再聪明，也难以成就一番大事业。

02

画荻教子

欧阳修4岁时，父亲在任上病死了，留下了孤儿寡母，但没留下积蓄。母亲郑氏迫于生计，带着幼小的欧阳修寄居于湖北随州亲戚家中。因家里穷，欧阳修请不起老师、上不起学堂，笔墨纸砚也买不起，但这并不影响郑氏对欧阳修的教育的重视。

当时，随州城外的涡水河畔生长着大片荻草，荻草的茎秆坚硬如木，欧母就用荻草秆代替笔，在沙滩上手把手教欧阳修识字写字，回家时，她还不忘割上一大把荻杆。到家后，欧母又找来木盆并铺上河沙，就着昏暗的灯光，将盆里平铺的沙子当成纸，一笔一画地教四五岁的欧阳修学习。

日复一日，孤儿寡母的日子过得非常艰难，但欧母对儿子的教育一刻都没有停下。

欧阳修在母亲的悉心教导下，特别努力。买不起书，他就到处找人借，碰上好的书便立马借回家端端正正地全文抄录下来，而后揣摩学习。20岁那年，欧阳修参加科举考试，连考三场，都取得了第一名的好成绩。仁宗天圣八年（1030年），欧阳修高中进士。

后来，人们赞扬欧母艰辛教子的精神，在她的墓碑上刻下一副赞联："阡表不磨崇国范，古坟犹带荻花香"。她的故事一直流传到今天。

03

踩凳脱鞋

苏联宇航员加加林是世界上第一个进入太空的人，当年他之所以被选中成为宇航员，离不开幼年时母亲教给他的生活小细节：不要穿着鞋子踩在凳子上。

二十世纪六十年代，苏联决定发射世界上第一艘载人宇宙飞船，宇航员的挑选提上日程。几位候选的宇航员被邀请去参观即将发射的飞船。进舱门时，其他人都一个个地踏入舱门，在飞船内兴致勃勃地参观，只有加加林一个人蹲下来把鞋子脱下后才进去。

加加林当时想，小时候妈妈连凳子都不让他穿着鞋子去踩，何况这是宇宙飞船的太空舱。就这样一个小动作、小习惯，让飞船的主设计师非常感动。随后，在他的推荐下，加加林成为第一个飞上太空的宇航员。

第四章　教育·学校

教育在学校提速

通过声音感受
教育的力量

小引

我们每个人都离不开学校，学校是教育体系中的重要一环，所以这本书要谈教育，就一定要谈学校。

这一章首先要谈的是学校之于教育的重要性。学校是教育事业的主要阵地，学校也是孩子走向社会的桥梁，我用两个小节来讲学校的重要性。明确了重要性后，接下来我将介绍判断一所学校好与不好的方法。

一所学校好与不好，要看这所学校和这所学校的学生是否尊重学校里的老师，也要看这所学校是否具有培养孩子全面人格、让孩子德智体美劳全面发展的能力。这两个判断方法我仍然分作两个小节来讲。

二十多年来，我创办了多所学校，所以这一章的最后两个小节，我将以我丰富的办学经验为基础，讲述怎样才能办好一所学校。那就是学校里的每个岗位都必须由专业的人出任，每个岗位上的人都必须有情怀和使命感。

从学校的重要性到什么样的学校才是好学校，再到怎样才能办好一所学校，本章的行文逻辑在紧密递进的同时，又紧紧地围绕着一个源头，这个源头就是本章的名称“教育在学校提速”。

教育肯定是在学校提速的，不然我们怎么会去谈论包括本章话题在内的那么多的与学校相关的话题呢？

>> 学校培养一个学生，得让其德智体美劳全面发展，这是对学生人格的培养。我们这些年在紧抓教学质量的同时，也非常注意培养孩子的人格。

第一节 还学校一片净土

一个人坐在树下与另外几个人谈论自己的想法，听的人入了神，大家忍不住想，要是讲的人能留下来该有多好啊！要是听的人也能留下来该有多好啊！于是在这个想法的驱使下，他们就在这里划出了一个地方，世界上的第一所学校因此出现。这个故事风趣地讲述了学校的起源。

我国早期的学校大多设在幽静的地方，甚至是深山老林里，或许早期的人认为只有山清水秀的地方，才能培养出杰出的人才。比如说，作为我国著名书院的岳麓书院，就曾培养出很多人才，远的不说，近的有毛泽东、曾国藩、谭嗣同等著名人物。岳麓书院成立的时候，它所处的地方就是一个山清水秀的地方，书院的一边是岳麓山，另一边是湘江。即使到了今天，岳麓书院所在的地方也依然是长沙环境最好的地方之一，依然不喧闹，仍旧宁静。

下面我们言归正传，着重讲“学校是教育事业的主要阵地”这个话题。

谈教育，就不能不谈学校，这是每个人都清楚的事，甚至很多人都认为学校是唯一的教育场所。虽然这种说法不完全准确，毕竟除开学校，我们上一章讲的家庭也是十分重要的教育空间，但这种说法也从侧面反映出学校在人们心中的地位很高。

很多人问我家庭教育和学校教育谁更重要，我的观点很明确，两者都非常重要。一个人最终能成才、成功，其背后一定有良好的家庭教育和学校教育作为支撑。需要明确的是，家庭教育和学校教育所处的维度不同，学校教育的出发点和落脚点是社会和国家这样的宏观层面。换句话讲，在社会和国家这个大的层面，学校教育是教育体系的基本单元，学校是教育事业的主要阵地。

主要阵地就是主要战场，主要战场就是只能赢不能输的战场，为了打赢这一场持续的战役，我们一直都很重视学校教育。在我们国家，小到每一个家长，大到政府和社会，大家都很重视学校教育。

先来看家长，有些家长从孩子一出生，甚至有的家长还没等孩子出生，就已经想好了要让孩子上什么小学、什么中学、什么大学。在家长的心目中，一所好的学校能让孩子受益一生。我身边的很多亲戚朋友为了让自己的孩子上一所不错的学校，甚至不惜东拼西凑拿出一大笔钱去买价格很高的学区房。家长为了让孩子上一所好的学校，有时候真的到了挤得头破血流的地步，这么讲也只是夸张了一点点而已，不至于夸张得太多。就比如我办的学校，每年一到新学期，来报名的家长真的是人山人海，可怜天下父母心啊！

新中国成立以来，学校就一直是政府的工作重心之一，上到国家领导人，下到各级教育部门，都力求把学校教育办得更好、更扎实。近几十年来，政府新建了很多基础设施非常完备的学校，硬件上没问题了，政府又引进和动员了很多优秀老师前往一些比较偏远的学校，力求提高这些学校的教学能力、教学质量。我感受到的最明显的一点是，这十来年，我们国家的大学教育越来越完善了，现在我们国家已经有三四千所大学，相对于我读书的那个年代，现在的学生真的太幸福了，很多孩子都有大学可以上，都有机会接受高等教育。只要我们始终坚持重点搞好学校教育这个方针，我们的民族、我们的国家就没有理由不复兴、不强大！

再来看看社会。一直以来，社会对学校的关注度都很高。社会首先是想给学校里的孩子营造一个好的学习环境。大家逐渐富裕后，有很多社会人士都选择在学校里成立各种各样的教育基金，为的是帮助那些家庭条件不太好的孩子顺利完成学业。很多社会人士在自己的生活中虽然很平凡，但在教育上却是非常伟大的。其次，除开给学校各种形式的援助，社会对学校关注度的提高还表现在很多人对学校的监督力度增强了。可能大家会有这样的感受，就是大家都很关注学校的饮食、老师，一旦这方面有不好的消息，整个社会舆论就会立马谴责并且要求有关部门尽快整改。在我看来，援助也好，监督也好，都是社会关心学校教育的表现，都有利于大家携起手来搞好学校教育。

我当然也重视学校教育，我对学校教育的重视有着自己独特的表达形式，我想当好这个主要阵地上的机枪手。

现在的学校，尤其是中小学，为了方便孩子就近读书，大多设在人口非常多的居民区周围。学校位于社区，通常来讲要想保持安静是比较困难的。但是我认为不管外面再怎么吵吵闹闹，要想成为一所好的学校，清净的校园环境是必须保证的。很多年来，我在学校管理中一直都坚持一个原则，那就是学校里面不允许开小卖部，电子产品也不能带进校园，这样做是为了让校园环境更加安静、更加纯粹。试想一下，如果学校里面有这样那样的商店，如果学校里面学生的手机、平板晃来晃去，那么学校还能搞好教育吗？

答案是肯定不能的。百合外国语学校、春蕾小学、百外世纪小学所在的布吉街道，是深圳人口密度最大的区域之一，校外车水马龙、人声鼎沸，但是在我的坚持下，这几所学校却成了一方难得的净土，非常清静，非常有利于老师教书，也非常有利于孩子学习。

到了今天，我有个习惯，就是傍晚的时候一个人在学校里走一走，我不会提前和校长打招呼，更不会惊动学校里面的任何老师，因为我只是单纯想去看看足球场上那些蹦蹦跳跳的孩子、去看看教室里那些安静地读书写字的孩子。我喜欢这种纯粹的环境，我也相信包括孩子在内的大多数人都和我一样喜欢这样的环境。

以上，我们简单地讲了学校的起源、以前的学校大致有什么样的环境，也着重讲了学校为什么是教育事业的主要阵地、大家又是如何重视学校教育的。我讲了这么多，无非还是围绕着一个主题来展开的，那就是学校很重要，学校对教育来说真的很重要。把这些话放在这一节是很有必要的，正是因为学校很重要，我们才会有这一章“教育在学校提速”的这个主题。

第二节　一边是家，一边是社会

“好好读书，将来考一所好学校。”这些教导孩子的话我们太熟悉了。相较于西方社会，学校在我国父母心中的地位看起来要重要得多。

根据教育部的数据，2022年我国在校学生总数达到了2.93亿人，新增劳动力平均受教育的年限达到了14年。认真算来，一个普通中国人与学校的关联，基本上贯穿了他的整个人生。3—18岁，他需要上幼儿园、上小学、上初中、上高中，如果考上大学、考上硕士、考上博士，他在学校的时间可能又要延长4—10年，甚至是更多年。工作没几年，他可能又要买房了，为了孩子能上个好学校，买房又得考虑学区这个问题。孩子上学后，他要接送孩子上下学。他好不容易等到退休了，却发现自己根本不能真正地退休，这个时候可能又要每天接送孙子、孙女上下学了。好不容易有空闲时间，他想出去和朋友一起聚一聚，这时候身边的朋友可能还是自己的同学或者校友。

人们看似很早就走出了学校，但事实却是，我们这一辈子好像都没有真正地离开过学校，学校对一个人的影响太深了，这点不用讲太多，大家肯定都懂的。

这些年，我经常听到一些人跟我说，他们是百外毕业的，百外锤炼了他们自律、自立的性格，还奠定了他们的工作能力、事业基础。一所好学校，的确可以成就一个人的一生，这种在学校的经历是一种用金钱也买不来的经历。通过这些人的讲述，也结合我自己办教育这么多年的经验，我越来越深刻地认识到，一所好的学校固然要教给学生基本的知识，但更重要的是，学校还应该教人如何从家庭走向社会，学生学会了这种本领才能在社会上安身立命。这种情况下，学校就更像是一座桥梁，一边连着的是还没有长大成熟的孩子，另一边连接的是纷繁复杂的社会，学校这座桥梁要做的是引导学生平稳、安全地跨过生命中的一条又宽又险的河。

学校是孩子走向社会的桥梁，这句话其实也讲出了学校的价值，上面我们讲的是学校对于每个学生的价值，这不难理解，因为学生是过河的人。当然，学校对学生有价值，这句话是从微观的角度来讲的，那么怎么从宏观上来理解学校的价值呢？

学校教育的好坏决定一个民族素质的高低，教育的成败决定了国家的成败。我们国家还处在向上发展的关键期，还处在民族复兴的关键节点上，我们很需要人才，只有学生把受教育这座桥过好了，到河对岸的人才会又多又好，这将很有利于当前我们这个社会、民族、国家的发展。我们往大了看、往远了看，很快就找出了学校对社会、对民族、对国家的巨大价值，这也就是我讲的学校这座桥梁在宏观层面上的价值。除开我上面举的这个例子，还有很多例子都能反映出学校的作用，大家在每天的生活中可以多多地去找这样的例子，也可以多多地去思考这样的问题。

关于学校的价值，这里再多讲两句。至今为止，百外教育集团已经走出了好几万学生，不少人建议我成立一个校友会，但是都被我拒绝了。学校的价值蕴藏在学生日后事业的发展中，我们不需要成立校友会去表现。

中小学这个基础教育阶段，是每个人打基础的黄金时间段，所谓基础不牢、地动山摇，为了让每个学生顺利过桥，我们对学生是非常用心的。这个阶段，和谐、温馨的环境对孩子来说非常重要，因此我们提出了“办一所温暖学校”的理念，这样做的目的是让孩子在学校也有在家一样的感觉。学校的价值，很多时候需要其人文环境来实现。好的学校，有自己的独特“场景”，能浸润到学生的灵魂深处。这样的“场景”可以给孩子很多涵养、很多生命的气象、很多优雅向上的灵魂。在这样的“场景”中，孩子更能养成“过桥”的能力。只要我们把学校这个层面的理念和环境打造好了，我们就不需要担心从百外毕业的学生，我们相信这些学生一定会在自己日后的事业中创造出自己的价值，这就是我上面讲的不需要再去成立校友会的深层次原因，因为这些学生创造的价值也是学校的价值。

上面提到，为了让孩子顺利走过学校这座连接社会的桥梁，我们要努力教好学生基本知识、努力塑造好学生的性格品质，这些方法主要考虑的都是学生这一头。其实，除开这一头，在社会那一头，我们也想了很多办法。

只有无限地接近这个社会，孩子才能无限地了解这个社会，他们学成毕业以后才能更好地走进这个社会，这个道理应该是一个常识。这个常识讲起来简单，但从学校层面做起来却是不容易的。不过即使不容易，我们也一直想办法在做。就比如，我们学校会定期或者不定期地组织孩子参加一些社会上的活动，当然这是在保证孩子安全的前提下进行的，引导孩子为保护社会环境出谋划策，引导孩子去社会上做志愿者，引导孩子慢慢地去调查了解他们所在的社区，等等。我一直说，学校不能是与世隔绝的，学生不能是“两耳不闻窗外事”的，学校一定要和社会连通起来，只有这样才能很好地起到作为桥梁应有的价值和作用。

人这一辈子都要上学，每个人都要过学校这座连接社会的桥梁。学校自身也好，家长也好，一定要重视这座桥梁。家长应该多给孩子讲讲这座桥梁的重要性，我们要让孩子在过桥的时候以及成功过桥后尽可能多地感受这座桥梁的价值、吸收这座桥梁的价值、用好这座桥梁的价值。

第三节　老师身累，但不能心累

有优秀的教师团队才能打造出优秀的学校，只有尊重老师，才能最大限度地激发老师的教学潜力，也才能最大限度地提高学校的教学质量。老师绝对是学校的核心，这是我非常坚持的一个观点。

我们国家有尊师重教的优良传统，一直以来我们都把老师这个职业放在很崇高的位置。然而，到了今天，情况有了一些变化。大家可能已经注意到了，现在社会上有很多不尊重老师的现象。例如，很多人一谈到老师就有一种嘲讽的语气。造成这种现象的原因是很复杂的，既有老师自身的问题，也有社会的问题。以前，大家的文化程度比较低，渴望知识，崇拜知识，因此对老师充满了尊重。现在，大家的文化程度普遍提高了，很多人的文化程度甚至比老师都要高，在这种情况下，一些人不再认真对待学校和老师，没有了对老师的尊重。

我无力改变这一社会现象，但作为一个搞教育的人，在我的学校，我会想方设法地给老师最大的尊重。这样的尊重不仅表现在精神层面，更体现在后勤保障上。

优秀的老师是一所学校的核心竞争力，也是一所学校最大的投资，这是毋庸置疑的。百外系列学校提出了“让老师身累，但不能让老师心累”的理念。这个理念是怎么践行的呢？我们基本上解决了老师的后顾之忧，从待遇到住房，从住房到老师子女的教育，我们都安排得妥妥当当，百外绝大部分老师的子女都在我们系统内上学，这是他们对百外教学质量的信任，也是对自己能力的认可。我们做的这一切，都是为了老师能把所有的精力都用在三尺讲台上，用在陪伴学生的成长上。有些人讲，老师作为“传道授业解惑”的人，不应该谈太多待遇上的事情，我认为这是错的，是错得很离谱的，老师怎么不能谈待遇？不仅能谈，还要大大方方去谈，好的待遇一方面体现出学校对老师的重视，另一方面也能让老师把更多心思投入教学工作中，这对双方都是有益的。

我们对老师的尊重还体现在对老师的培养上，也就是说，我的学校不只是用老师的地方，更是培养老师的地方。百外教育集团的目标是建设一百所高质量的学校，因而我们还需要很多老师。不管是在职的老师，还是将来要招进来的老师，学校都会定期或者不定期地组织培训活动，请一些专家学者来给老师们“充电”、来帮助老师们提高。从某种角度来讲，老师也是学生，老师也需要学习，所以我们对学生负责的同时，也要对老师负责，这同样也是对老师的尊重。老师不是铁打的，老师也是人，是人就会疲惫，所以在一些假期，我们也会组织老师外出游玩、放松。

上面讲的这些，其实也可以总结成一句话，那就是对学校的所有老师，我们尽全力给足他们在精神上和物质上的尊重。

学校要想办得好，只从学校这个层面尊重老师是不够的，学生也需要尊重老师。学生尊重老师一方面也可以给老师带来教学的动力，另一方面也能让学生爱上学习。毕竟，一个学生对老师的喜欢往往是从尊重开始的，学生喜欢老师了，逐渐地就能喜欢上这个老师所教的科目，这是一个良性的传导过程。有些学生对老师的尊重是自发的，有些学生对老师的尊重是父母教的，从这个角度来看，学生对老师的尊重来源于很多方面，这也意味着学校一方同样可以做出一些努力来让学生尊重老师，我的学校就不缺乏这方面的努力。我一直秉持的为师之道——做喜欢学生的老师，做学生喜欢的老师，就是这样的努力。

在一个充满欢乐和温馨的校园里，听喜欢自己而自己又喜欢的老师讲课，在学生和家长之间，肯定都会形成尊师重教的氛围。当然，这看似简单的一句话，做起来并不容易，它既是对老师的最低要求，也是对老师的最高要求。老师喜欢学生，这是职业本能，但能不能让学生喜欢你，听你讲，听你教，听你引导，听你教化，这就很难了。不过话又说回来，人心都是肉长的，只要老师真心对学生，学生和家长很大概率还是会用真心和尊重回馈老师的。要知道，大家都是有血有肉的人，老师用情怀、语言和行动去打动一个学生，学生和家长没有理由不喜欢他。

学生喜不喜欢老师，有一个简单的评判标准，那就是去看这个班的精神面貌、去看学生看到这个老师时的反应。如果这个班的学生整体上都斗志昂扬、积极向上、充满活力，如果这个班的学生见到这个老师时都很热情地主动打招呼问好，那么这个班的学生就一定喜欢他们的老师。我在学校里面逛的时候就很喜欢观察这两点。不过这两点也并不绝对，学生对老师的喜欢还有很多表达方式，这个就需要老师多多地观察和总结了。

其实，在基础教育中，身心的付出程度往往比科研能力更重要。这个阶段，我们面临的是成长中的中小学生，他们需要在情感上得到关爱、得到真心对待，科研能力在这里往往没有太大的用武之地。当然，这并不是说我们对老师的专业能力没有要求，相反我们的要求极高，在招老师的时候，我们的录取比例基本上达到了百里挑一的程度。

很多年前，一些教育界的同行看到我说的为师之道，问我们的老师："你们老板是师范科班出身的吗？"得到否定的答复后，他有些惊讶。我想我的一些教育理念他是非常认可的，甚至是让他吃惊的。这也从另外一个角度说明，我的这些教育经验是从大量的实践中来的，经得起大量实践的反复检验，也说明我的这些教育经验有着比较强的专业性，它们是有道理的。

学校尊重老师，学生也尊重老师，老师自然就会做到最好，老师做到最好了，意味着学校也差不多做到最好了，这一点我感触很深。反过来，我们在判断一所学校好不好时，这所学校和这所学校里的学生是不是尊重他们的老师是两个重要的标准。

深圳市百合外国语学校
SHENZHEN BAIHE FOREIGN LANGUAGE SCHOOL

>> 好的学校，有自己的独特“场景”，能浸润到学生的灵魂深处。这样的“场景”可以给孩子很多涵养、很多生命的气象、很多优雅向上的灵魂。在这样的“场景”中，孩子更能养成“过桥”的能力。

第四节 当代“孟母”之惑

孟母三迁这个故事流传了两千多年，故事内容大家都能讲出个大概，孟母为了给孟子一个良好的教育环境，多次改变居住地。环境是孩子成长过程中很重要的一部分，好的环境可以促进孩子健康成长，而恶劣的环境则可能会使孩子学坏，这就是老话讲的“跟好人走正道，同坏人成强盗”。孟母三迁这个故事代表着中国家长为孩子的教育所做出的艰难抉择。

当代中国，基础教育有两个特点：一是教育资源不平衡；二是有关教育的选择非常多样，当代“孟母”更迷茫了。当代“孟母”会面临学区的选择、公立学校和私立学校的选择、国内教育与国际教育的选择，等等。我也为人父，很理解当代“孟母”的不知所措。

很多人都问我，孩子到上学年龄了，去哪上学呢？换句话讲就是，家长都想知道什么样的学校才是一所好学校，家长想让自己的孩子去这样的学校。

什么样的学校是好学校呢？上一节，我讲了可以以学校里的老师为媒介来判断这所学校好与不好。此外，我们还习惯了从升学率、考试分数来判定一所学校好与不好，但是升学率高、考试分数高的学校就一定是一所好学校吗？答案是否定的。升学率和考试分数固然重要，毕竟孩子们最终都要面临升学考试这个大关，但判断一所学校好与不好的标准远远不止这两个。对一所学校的评价标准是复杂的、系统的，包括课程评价、教师评价、学生评价、社会评价等等。

2012年，教育部出台了《关于进一步加强中小学校督导评价工作的意见》（以下简称《意见》），明确要从以下角度去评价一所学校，即是否有健全的规章制度、是否依法规范办学、是否有效使用资源、管理是否高效、教学质量好不好等。《意见》给出的评价标准很明确，但在我看来，只要是一所比较成熟的学校，基本上都可以较好地满足《意见》给出的这些标准，甚至很多学校在这个标准体系里还算得上是“优等生”。所以说，光从这个体系来判断一所学校好与不好是不够的，那怎么办呢?

我有一个办法，很多有经验的业内人士也都用这个办法，那就是去看这个学校的办学细节，从细节中可以看出这个学校的校风，细节在某种程度上决定了一所学校的办学质量。

进入教育行业不久，我就提出了学校管理、学生管理、老师管理、家长管理都不能偏离人心人性的要求。基础教育阶段，孩子有三个方面需要提升，一是身体素质，二是知识的积累程度和自我学习能力，三是人格水准。在这三个大的目标上，我们不遗余力，基本上都做得很不错。然而，除开这三个宏观的点，我们关注的东西还有很多。

在学校的具体管理上，我们非常强调细节。百合系列学校现在有三条“军规”，家长对这三条“军规”已经很熟悉了。一是学校不设小卖部，二是电子产品不能进校园，三是后勤保障要强有力。我们要求学生的作业要在学校完成，也要求学校的午托和晚托机制要完善。总而言之就是一句话，家长把孩子送到学校后，我们会尽全力解决孩子在学习上的后顾之忧。

说实话，国内目前没有几所学校能做好这三件“小事”，对此我有一点点骄傲。那么除开细节，还可以从哪些角度来看一所学校是好还是不好呢？现在很多学校都强调要让孩子德智体美劳全面发展，但是有的是在喊口号，并没有真正着手去做，所以我要说的下一点就是要看这所学校是否有全面培养孩子的目标和能力，后者尤为重要。

学校培养一个学生，得让其德智体美劳全面发展，这是对学生人格的培养。百外系列学校这些年在紧抓教学质量的同时，也非常注意培养孩子的人格。有些家长知道，百外的学生有个共同的特点，就是他们都非常自立和自律，这两个特点的形成都得益于学校持之以恒地培养。有了这两个特点作为基础，很多时候不用老师监督和催促，孩子们都会专注于学习课堂内外的知识。我一直都认为，让学生学会自立和自律很重要，这有点类似于授人以渔，而不是单单地授人以鱼。我要求百外系列学校必须有塑造学生这两个特点的能力，就是考虑到学生长大后不管做什么，有了这两个特点都不会走偏、都不会无路可走。

我们的学生在体育和艺术方面是很优秀的。这些年，百外系列学校几乎垄断了龙岗区各类特长比赛的奖项。取得这些成绩不容易，不说别的，为了让学生学好钢琴，学校就花重金买了上百架钢琴。篮球也是百外系列学校的一大特色，学校篮球队在深圳中小学的篮球比赛中，已经是在第一梯队了。为了让学生打好篮球，学校也同样花了很多钱建设篮球设施。我的想法一直都是，只要学生想发展自己的兴趣爱好，学校就一定要有能力给他们提供相应的配套设备，这是一所好学校应该做到的。

这一节我们从孟母三迁这个故事讲起，讲到了当代“孟母”苦于不知道如何给自己的孩子选一所好学校。紧接着，在详细谈了今天判断一所学校好与不好的通行标准后，我以我多年搞教育的经验为出发点，讲了我心目中的好学校应该具有的两个特点，一是学校在管理上注重细节，二是学校有培养孩子全面人格、让孩子德智体美劳全面发展的能力。换句话讲就是，家长在判断一所学校好与不好的时候，除了要看这所学校和这所学校里的学生是否尊重老师，以上这两个特点也可以作为简单且高效的标准。

第五节 “锤打凿、凿打木”

到现在，百外教育集团已经有了十几所学校，这些学校囊括了幼儿园、小学、中学，在校学生达到了数万人。这么多学校，这么多学生，涉及的事情当然也很多。所以，总有人问我：“怎么去管理这么庞大的一个教育系统？”把这个问题缩小一点，就等同于问我：“怎么去管理一所学校？”按照我的经验，这个问题的答案很简单，那就是放手让专业的人去做专业的事。

百合系列学校都不设副校长，学校的事务都由校长主管，校长对学生、家长、教育管理部门和我负责，老师对学生、家长和校长负责。我把这种管理模式比喻成“锤打凿、凿打木”。“锤打凿、凿打木”这句老话出自客家人口中，意思是我们做事情要一层一层地落实、要各司其职，每一层的执行力都要到位。锤子和凿子直接联系，凿子和木头直接联系，锤子不能直接锤木头，这样不仅会乱了规矩，还会让凿子毫无用武之地，木头也很有可能会被锤坏。

在教育管理系统中，“锤子”代表教育管理机构，代表这个机构的教育理念和顶层设计，“凿子”类似于校长和老师，

“木”则更像班上的每一个学生，也就是教育的基本对象。锤子和凿子的共同目的是把木材雕琢成精细的、艺术性很强的作品，同样的，教育工作者的共同目标是把每一个学生都培养成才。当然，这个“锤打凿、凿打木”的比喻并没有否定家长在教育中的主体责任，家长是“良木”的培育者、教育的第一责任人，更是学校教育的参与者和监督者。没有家长的协作，学校这个“木匠”不可能雕刻出精美的“艺术品”。

学校如果没有完成教育指标，或者干脆说学校如果办砸了，这里面一定有很多原因。可能是系统中的某个角色出了问题，比如某个老师的责任心不强；也可能是整个系统都出了问题，比如老师们的工资太低，优质老师大批外流。然而，只有我们身处这个系统中的人才会去仔细分析这些问题，家长、社会很多时候不会管这么多，他们盯住的往往是结果，不是过程，他们只知道学校出了问题，多半也只认为就是学校出了问题。这就像木头上有一个孔位挖偏了，表面看来是凿子直接造成的，可是仔细一想，凿子的力来自锤子，锤子之力又来自木匠。所以，人们最终的印象这是木匠的问题。

办一所学校压力很大，办一所好学校压力更大，要想办出一所好学校，要想学校尽可能少地出问题，专业的人做专业的事这个道理就显得尤为重要。只要学校的每一个岗位上都有专业的人负责，我相信学校就不可能办砸，学校这个大的系统或者大的组织也不会有太多来自家长和社会的不满与压力。

说实在的，人总有人情往来，加上我这个人朋友多，难免有人想托关系让我招一些老师，但我守住了底线。为什么？就是因为老师是系统中最重要的角色，是“凿子”，直接负责教育孩子。二十多年来，在百合系列学校任教的老师多达数千人，但我从来没有为一个不合格的老师“开绿灯”！如果我“开绿灯”强行给学校塞老师且这些老师教学和做人都不行，“开绿灯”这种行为就会导致学校的教学质量下降，会在教师团队内部引起非议，会造成一个典型的系统性问题。因此，这个口子我绝对不能开。看人、选人全由学校的招聘团队决定，团队看重哪个老师就要哪个老师，他们在看人、选人上比我专业，我没有任何理由强行让他们要人。

曾经有人认为百合外国语学校办得好的原因是学校里面有很多优秀的老师，这句话说得对，但是没有完全说对。

我不否认这些优秀的老师对学校的贡献，但大家有没有想过，民办教育如果没有把教育当成使命来努力、来付出的投资人，可能办得好吗？不可能的。投资人也必须是“专业的人”，他所投资的学校才能办得好。打个比方，一所民办学校就像一艘船，船上有船员，船员就是我们的教职工；船上有船长，船长就是我们的校长；船上还有乘客，乘客就是我们在校的学生。要把船上的学生安全、顺利地送到目的地，除了需要有经验的船长和船员团结协作外，还需要教育投资人打造更大、更安全的船。船在海上航行的时候，难免会遇到恶劣的天气，这个时候一艘又大、又安全的船就显得十分重要了。

其实让专业的人做专业的事这句话不仅仅适用于学校管

理，在各行各业都适用，但为什么在学校管理中我特别强调这句话呢？因为学校比较特殊，学校管理是不能出一点错的，让专业的人做专业的事这个道理运用到学校管理中，能把学校在管理中犯错的概率降到最低，这是我这么多年来的认识。当然，这个道理还可以在学校管理中找到很多印证，但这一节着重讲这个道理本身，着重讲这个道理运作时的基本逻辑，因此我就不举太多例子了。

第六节 办教育，不能误人子弟

到2002年，通过做生意，我已经赚了一些钱。这个时候，看到深圳很多外来工的孩子没有学校可以上，我就想投资办学校，让那些外来工的孩子可以在深圳读书。办学校的时候，我想得不多，学费只收一点教育成本费就行了，这是我办学校之初的情怀。

后来我去五台山，那里的一位禅师对我讲了一句话："办教育，不能误人子弟哦"。这句话让我深思，是啊，办一所学校并不是简单地建几栋校舍、聘用几位老师那么简单，这句话里面包含着对教育使命感的诠释。

这些事加深了我对搞教育、办学校的认识。老师也好，校长也好，民办学校投资人也好，没有情怀和使命感是搞不好教育、办不好学校的。我经常在想，幸亏当时碰见了那位禅师，不然我真的有可能办不好学校，情怀和使命感是一个教育者的灵魂，没有这两点，学校就会缺乏温度、缺乏持续向好的动力。为了对得起情怀和使命感这两个词，我们的学校做了很多，下面我举几个例子。

对待老师，我们给出的待遇一般都很高。深圳以外，我们在贵州福泉也办了一所学校，这所学校里老师的待遇和深圳的老师是差不多的，这样的工资水平在当地是非常不错的。不过，高工资必定对应着高要求，我们把在深圳对老师的高要求也带去了贵州福泉。在这里，我们同样要求老师要全身心付出，要对得起三尺讲台。那么多家长把孩子送到学校，老师一定要把他们带好，要对得起家长，更要对得起学生。我们每年都会拿出非常高的教师奖励基金，奖励那些很好地达到了学校要求的老师，鼓励他们继续做好自己的本职工作，鼓励他们继续弘扬自己对教育的那份情怀，也鼓励他们持续认真对待作为老师的那份使命感。相反，对于那些达不到要求、缺乏情怀和使命感的老师，学校会坚决地让他们整改，整改后还是达不到要求的，学校会坚决地辞退他们。

上面讲的是第一个例子，这个例子是关于老师的。接下来我们讲第二个例子，这个例子是关于校长的。

校长的责任更大，校长的教育信念、教育情怀、知识修养、道德品位和人生态度，影响着老师，也影响着学生。对校长，我的要求极为严格。二十几年来，我都要求校长必须每天早上在校门口迎接来上学的孩子，要让孩子们从看到校园的第一刻起，就能看到校长温暖的笑脸。我相信很多人和我一样，有这种感觉，那就是早上如果看到一件自己喜欢的东西或者遇到一个很温暖的人，自己就会开心一整天。孩子肯定也是这样的，虽然让校长在校门口迎接孩子这件事很细微，但是它很有可能会带给孩子一整天的学习动力。校长的这个微笑，会让老师和学生觉得这所学校很温暖，久而久之，这种温暖的氛围就会成型，而塑造这种温暖的氛围本来也是校长的使命所在。

民办教育在某种程度上是一种公益行为，家长要自己掏荷包给孩子交学费，虽然政府有补助，但这点补助只能是杯水车薪。近些年，国内的很多民办学校都办不下去了，其中的很大一部分原因是这些学校的教学质量不行。影响教学质量的因素有很多，比如生源质量、资金投入等，这里就不展开讲了。民办学校要想活下来、活得好，只能想办法提高自己的教学质量，高水平的教学质量才是民办学校唯一的生存之道。下面我讲一个为了提高学校的教学质量，我为自己的情怀“买单”的例子。

刚办学校那几年，大概是在2005年之前，我发现学校英语科目的教学质量不行，让大家分析原因。老师们仔细分析后认为，英语科目教学质量不行是因为学校所用的教材落后了，这个时候怎么办？问题的根源已经找到了，好办吗？好办，换教材就是了。但是这件事它也不好办，为什么？因为如果改用新教材的话，每个学生每年要多交750块的学费，要知道那个时候学费总共才3500块，让家长掏这笔钱，很多家长会感觉压力很大。不换教材，就这么混下去吗？肯定不行！教育这件事是不能混的，我的初衷是让更多孩子可以更好地上学啊！我一咬牙，决定自己掏钱为学生买新教材，我每年要掏一百多万。后来的事实证明，我这种为自己的情怀“买单”的做法是值得的，学校英语科目的教学质量很快就提高了。

我把很多情怀放进了我办的这些学校中，从来没有觉得自己的情怀让自己吃亏。同样，现在我的很多使命也和我办的这些学校连接起来了，在往后的时间里，我仍将为达成我的这些使命做力所能及的事情。很多时候静下心来想一想，自己用情怀和使命感孕育了这么多自己认为还算不错的学校，会有很强的获得感和幸福感。

附录一　经典名言

1 教化之本，出于学校。 ——苏洵

2 学校之盛衰，关系天下之盛衰也。 ——黄宗羲

3 学校者，人才所由出；人才者，国势所由强。 ——郑观应

4 亡而存之，废而举之，愚而智之，弱而强之，条理万端，皆归本于学校。 ——梁启超

5 学校教育注重学生健全的人格，故处处要使学生自动。 ——蔡元培

6 学校者，文明进化之泉源也。 ——孙中山

7 在学院这种地方，石块能磨亮，而钻石却会失去光泽。 ——（英）英格蒙尔

8 多办一所学校，就可少建一座监狱。 ——（法）雨果

9 让每一个学生在学校里抬起头来走路。 ——（苏联）苏霍姆林斯基

附录二　古今事例

01

东林书院对联永传诵

位于江苏省无锡市的东林书院，创建于北宋，是我国古代的著名书院之一。废弃了很长一段时间后，到了明代，大学者、思想家顾宪成主持重建了东林书院，他也因此被称为东林先生。顾宪成号召人们来东林书院读书、讲学，明朝时期成为东林书院发展史上最辉煌的时期。

跟随书院享有盛名的还有书院里的一副对联，这副对联由顾宪成所题，即："风声雨声读书声，声声入耳。家事国事天下事，事事关心。"如今，这副对联可以说是妇孺皆知。

只用短短的两句话，顾宪成便把东林书院的办学理念展现得淋漓尽致。学校不是闭门造车的地方，更不是"两耳不闻窗外事，一心只读圣贤书"的楼阁。相反，学校是一个需要"眼观四处，耳听八方"的地方，学校是一个需要博闻多学的地方。

对联讲述的为学理念深深地影响了一代又一代东林学子。

02

钱学森晚年忆母校

1923—1929年，钱学森在北京师范大学附属中学就读。回忆起自己的中学时光时，晚年的钱学森说：“这是我一辈子也忘不了的6年。”后来，他不止一次地提到母校对他的影响。“在我一生的道路上，有两个高潮：一个是在师大附中，一个是在美国读研究生的时候。”“几十年前在师大附中所受的教育，我们这些人是终生感谢的，现在还在影响着我们。”

钱学森曾回忆：“那个时代，在北京办学是非常困难的，但是，当时的校长林砺儒先生能把北京师范大学附属中学办成质量上乘的第一流学校，实在难能可贵。”林校长力主教育改革，推行全人格教育，强调老师要因材施教，学生要全面发展，反对死记硬背。

“我在读书时，没有死背书，看了许多书，但从不死读书，而是真正理解书。”对自己的学习方法，钱学森记得很清楚、讲得很透彻。在思考“教育理论、思维科学与脑科学”这一主题时，钱学森亲笔写下了对自己一生影响最大的17个人，其中有7个人是北京师范大学附属中学的老师。

晚年的钱学森身体不好，没能再回母校，但他说：“坐车路过母校时还会远远地朝里面望上一眼。”

第五章 教育·社会

教育为公，以达天下为公

通过声音感受
教育的力量

小引

这一章的主题是教育使社会进步，所以为了让大家能更快地进入篇章，第一节我便结合几个案例，集中讲教育能让社会更加文明进步的道理。

这个道理有自己的运行逻辑，理解它是有必要的，所以第二节我仔细地点明了这个逻辑。另外，逻辑的把握有一定难度，为此我们要抓住两个重点，这两个重点就是第三节所讲的“教育要给人融入社会的能力”和第四节所讲的“教育要回答好各种社会问题”。

基于首尾呼应的原则，结合个人经验，最后两节我以“文化‘沙漠’变文化绿洲”“教育仍旧可以实现阶层跃升”为核心展开讲解，这不仅突出了篇章，也更为深入地解释了要旨。

总结下来，读完本章，我们会掌握仔细观察社会的能力，我们会具备更强的逻辑思维能力，我们会知道教育之于社会的重要性，我们会知道教育能为社会做什么。

当然，最为重要的是，我们会知道社会文明进步可以带给我们什么，也会知道为了使社会文明进步我们可以做些什么。

>> 人与动物最关键的区别是人具有社会性。教育不能只教人生存的知识，也要教人生活的知识。那么什么是生活的知识？生活的知识就是要教人发展、合作，教人融入社会、适应社会。

第一节　永远不要忘记学生守则

教育能让社会文明进步这个道理很多人都懂，那为什么我还要特意把它提出来放在前面讲呢？原因主要有两个：一是懂的人多并不代表全部的人都懂；二是这个道理很重要，重要到天天讲、年年说都不为过。

前段时间，我听朋友讲过一个故事，非常感慨：一位德国人和他的外国朋友去河边散步，看到两个小孩在河边钓鱼，这位德国人马上过去问他们："你们有钓鱼执照吗？"（德国钓鱼是规定了尺寸的，不合尺寸的鱼钓上来也必须再放回去。）小孩赶快把执照拿出来给他看。这人又问："带尺子了吗？"小孩又把尺子拿出来给他看，看完之后这位德国人就带着朋友离开了。

后来这位朋友不解，便问："那两个小孩是你亲戚吗？""不是。""那你认识吗？""不认识。""那你为什么要这样管教人家呢？""教育是整个社会的责任，这些孩子也是德国的未来，所以我们每个德国人都会随时随地教育小孩。"

从这个故事中我们可以看出，德国人对社会文明行为严肃的态度和强烈的责任意识，也正是这种严谨的社会教育，推动着德国社会文明进步。

搞教育这么多年，我有一个职业病，就是在学校的时候会观察小朋友，看他们的各种行为，听他们讲的各种话。不在学校的时候，我就把这个职业病带到社会中来了，走在街上也好，在商场里也好，坐车的时候也好，我都喜欢观察社会的方方面面。在我长大的那个年代，乃至我三四十岁的时候，我可以切身地感受到社会上有很多不文明的现象，但是那个年代的不文明的现象很难在今天的社会中找到了，具体是哪些现象呢？它们又产生了什么转变呢？下面我结合几个例子来好好讲一讲。

首先要讲的是排队的问题。这个问题最能代表社会的文明程度。大家应该都记得前些年春运的混乱状况吧，买票插队、加塞，进站插队、加塞，上车插队、加塞，这导致国内大部分火车站需要武警察来维持秩序。不仅是春运，这种蜂拥无序的状况在那时比比皆是，比如黄金周期间的景区、上下班高峰期的车站等。插队、加塞现象的出现，看似与公共产品的供给不足有关，但本质上是人们规则意识的缺失。我们常常见到，明明资源供应充足，但有些人还是要插队、加塞。比如一辆空空荡荡的公交车开了过来，车站上明明只有几个人，上车以后每个人都能分配到一个座位，但公交车一停稳，人们还是争先恐后，抢着上车。规则意识的淡薄、秩序意识的缺乏，就会导致毫无必要的慌乱无序。

今天，这种现象明显减少了。在现在深圳的地铁、机场、火车站，有序排队已成常态，虽然偶尔也有加塞的，但绝对是极少数人。这反映了社会文明素质的整体进步。我曾经问过百外的学生遇到人多的时候会不会安静地排队，他们说："会啊。"我又问为什么，他们说父母和老师经常教育他们随意插队不文明。

接下来，我们来讲讲环保意识。近些年，大家都知道我们周围的环境明显干净了，空气质量明显好了，绿水青山又回来了，这是明显的社会进步。但翻开十几二十几年前的报纸，大家会看到，那时候我们的环境污染非常严重，人们的生活习惯也不好，随手丢垃圾、随地吐痰等现象非常普遍。我刚办教育的时候就注意到这一现象，因此要求学校利用一切条件对孩子进行环保意识教育，通过课堂、校园标语、公益活动等，给孩子们讲述环保的重要性。这些年，政府也投入了巨资进行环境整治和培养民众环保意识，到今天，虽然我们还有很大的进步空间，但环保意识应该说是深入人心了。现在国内很多城市变干净了，人们在户外活动时也懂得了随手带走垃圾。这种变化离不开环保教育数十年的"润物于无声"。

最后再说说邻里关系。改革开放四十多年来，我们从"熟人社会"发展到"陌生人社会"。传统邻里的亲密、互助、共济关系大大减弱，大家都变成了家门口的"陌生人"，这是社会发展的一个特殊阶段。怎么处理新的邻里关系是对教育的挑战。熟悉我的人都知道，我常讲"利他先行"，这是我的哲学思考，在"陌生人社会"中，我想它会更有价值，与人方便，最终是与自己方便。打个比方，共住一栋楼，如果大家都计较芝麻大的小利，不能与人方便，居民找不到基本的共识，那么文明的种子就会干枯。相反，如果大家都懂得互相谦让、互相理解，即便是“陌生人”，和谐的关系也会很快建立。

近些年，很多小区都装了自动关闭的大门，刚装这种门的时候，前面走的人往往一走了之，给紧随其后的人一个“闭门羹”。时间长了，大多数人都体验过这种“闭门羹”，逐渐学会了在推门出去的时候，把门扶住交到后面的人手中，或者扶住门让对面的人先过。一个简单的扶门动作，体现了人们文明素质的提高。

教育引领文明进步，塑造社会整体气质，这个很好理解，孟子早在两千多年前就说过：“善政，不如善教之得民也。”但教育促进文明进步是个复杂的、缓慢的过程，它不该仅仅停留在学校的课堂里，而应该逐渐成为社会共识。百合外国语学校这些年一直在搞“三立”教育，即立德、立规、立志教育，前面提到的排队意识、环保意识、利他先行意识等都是我们教育的一部分。我想学校在孩子们心中种下的这些“文明种子”会在日后的社会生活中生根发芽。

前段时间，朋友给我看了一个在网上很火的短视频。视频中一伙人在户外烧烤，结束时大家都在收拾物品准备离开，只有一个七八岁的孩子在旁边收拾垃圾。这伙成年人看见后，也随之一起收拾垃圾。曾经有人说过，如果社会上每个人都遵守被丢弃多年的学生行为守则的话，我们这个社会将无比美好和谐。我非常认可这一观点。

第二节 对孩子负责，对社会负责

我们在总结百合外国语学校的办学经验时，牢牢地抓住了两点：一是二十多年来我们是否为社会提供了足够多的优质人才；二是我们的学生在经历了中考、高考等考验后，是否能在社会这个大熔炉中充分运用自己的才能、学识。

先来看第一点，百外教育集团旗下的学校给社会提供了足够多的优质人才吗？答案是肯定的，我们有非常多的专业数据来支撑这一点，这里就不详细地谈这些数据了，大家如果对这些数据感兴趣，可以去网上查找。笼统地讲，二十多年来，我们向社会提供了成千上万的优质人才。当初搞教育、办学校的时候我就一直担心会误人子弟，现在看到百合已经培养出了这么多优质的学生，我一方面觉得很欣慰，另外一方面也如释重负。

再来看第二点，百合培养出来的学生能在社会中充分运用自己的学识了吗？这里我同样不细讲那些数据，看这些学生在社会上的任职情况就能找到这个问题的答案。在百外上过学的学生，他们毕业后在社会上担任的职务很广泛，有相当一部分人在自己的岗位上兢兢业业、平平凡凡，虽然这些毕业生对社会的贡献不是特别醒目，但作为“一颗螺丝钉”，他们的专注保障了我们的社会能够有序而平稳地运行。百合出去的相当一部分学生进入了社会发展的前沿行业，比如有的去搞科技研发，有的去摸索互联网金融等。从毕业学生的社会任职来看，从百合毕业的学生充分地在社会上施展了自己的才华，运用了自己的学识，这一点不会有太多疑问。

这里讲两句题外话，前面我在讲学校和教育的时候，讲到了几个判断学校好与不好的标准，当时我们对这些标准的解读比较细，很多人可能时间一久就记不住了。我上面讲的这两个点其实也可以用来帮助我们判断一所学校是不是好学校。优质人才培养得多、学生毕业后在社会上大多可以尽情地用好自己所学，这样的学校很大概率是好学校。这样的判断标准虽然笼统，但是可以让我们轻松地记住，也方便随时拿出来用。

百合对学生的培养应当说是成功的，我们在总结的时候认为，百合成功的一个重要因素是我们没有让教育和社会脱节，很多教学方式、规章制度、课程设置、考核标准都紧紧地抓住了“社会”这两个字。

大家或许知道，美国的一流名校在介绍学校的辉煌历史时，大多会把学校出了多少总统、州长，或者出了多少诺贝尔奖得主、商业精英、社会活动家当成依据。这是没错的，在美国以外的很多地方，这些也都是学校办学成果的主要内容，毕竟对社会的贡献程度也是检验一所学校好与不好的重要标准。然而，有一点大家或许不知道，那就是美国的一流名校在招收学生时会把社会适应能力列为一项重要的考核内容。在社会适应能力这个大的框架下，学校会考察申请学生的心理成熟度、社会工作参与度、公益活动参与度等。

美国一流高校招学生的这些条条框框，换成国人熟悉的话来讲就是，学习成绩好不一定就能进入这些学校读书，这些学校要的是学习成绩和社会适应能力都优秀的学生。

社会要想发展、要想进步，肯定需要人才，古今中外，学校都是人才的主要来源地。学校里面通常有各式各样的人才，有的人才沉浸在自己的世界中，他们不谙世事、不擅长表达自己的观点、不善于和别人打交道、羞于表现自己等，这类人才在融入社会时，或多或少都会遇到一些障碍，不能在社会上完全用好自己的聪明才智。而有的人才在学习成绩优异的同时，还有着非常不错的处事能力，他们往往能够克服很多逐梦路上的困难，最终在社会上用好自己的才华。

我们上面讲了百合的办学经验和美国一流高校挑选学生的标准，到了这里，我想总结一下教育使社会发展的基本逻辑。教育可以孕育出很多人才，今天，包括百合在内的很多学校都注重和善于紧扣“社会”这两个字培养人才，所以这些人才可以在很快融入社会的同时，还有条件、有信心在社会上充分地用好自己的聪明才智，这样的人才多了，我们的社会自然很快就能发展、进步。

搞教育的人，一定要记住这个基本逻辑，这是对每个孩子负责，也是对社会负责。那么很多人可能会问：如何才能把握好这个基本逻辑呢？我认为我们可以抓住两个重点：一个是针对个人层面的，那就是教育要教给人融入这个社会的能力；另一个是针对社会层面的，那就是教育要回答好各种社会问题、直面社会需求。

>> 清朝宰相张英有则著名的教人谦让的故事：家人因修缮房子与邻居发生了矛盾，家人寄信给他谈及此事，他收到信后只回了一首诗："千里修书只为墙，让他三尺又何妨。长城万里今犹在，不见当年秦始皇。"张家人收到回信后很羞愧，于是主动退让三尺，邻居看到张家主动退让后也深受感动，同样后退了三尺。于是两家之间就有了一条巷子——"六尺巷"。

第三节　始于家庭，终于社会

人与动物最关键的区别是人具有社会性。教育不能只教人生存的知识，也要教人生活的知识。那么什么是生活的知识？生活的知识就是要教人发展、合作，教人融入社会、适应社会。一个人如果不能融入、适应社会，即便能力再强，最后也会变成孤家寡人。我到了现在这个年纪后觉得很重要的一点就是：一个人是很难成事的，要做成一件事情，多数情况下都要靠亲人、朋友、同事等身边人的帮助。如果你是孤家寡人，那么谈服务社会、发展社会、为社会作贡献，意义不大。

我国历史上但凡有影响、有作为的人，都重视教给子女为人处世的本领，传统中国在重视家庭教育的同时，也重视社会教育。

这里，可能有很多人不太懂什么是社会教育，我简单地解释一下，社会教育就是上面讲的要教子女融入社会、适应社会，可以简单地理解为要提高子女的情商。有些家长可能会问："孩子这么小，怎么能让他去学情商那一套？"大家对情商这两个字可能有一些误解，总觉得让孩子提高情商就是为了让他去阿谀奉承，这是不对的，我讲的情商是正正经经的为人之道，是教孩子怎么舒舒服服地和别人相处、和别人合作，是教孩子怎么更为平顺地走好实现理想的奋斗之路。

“三人行必有我师”这句话我们很熟，它教育我们要时刻保持谦虚，要积极地向身边的人学习，大家共同进步。不知道大家有没有想过，这句话其实也是一句关于社会教育的话。有些人在自己的人际关系圈中非常骄傲，有时候甚至到了目中无人的地步，这样很不可取。我们需要明白的一点就是，我们即使再厉害，靠自己一个人的力量也很难做出什么出彩的事情，且人外有人、天外有天，比我们厉害的人多了去了。我们每时每刻都要明白，只有谦虚，我们才能看清自己的不足，看清自己的不足了，才能不断地进步。只有谦虚，身边的亲人、朋友、同学、同事才会更愿意和你相处、更愿意帮助你。有时候啊，当局者迷、旁观者清，别人更容易看出你有什么问题、看出你的不足在哪里。孔子的这句话是在教我们怎么进步、怎么团结身边的人，是一句实实在在的社会教育的话啊，要牢记！

清朝早期，有一个名叫张英的宰相，他是安徽桐城的人。一次，他老家的亲人因修缮房子与邻居发生了矛盾。邻居寸土不让，张家人很生气，他们写信给张英，想让他来摆平这件事。然而，张英看完信后却回了一首诗：“千里修书只为墙，让他三尺又何妨。长城万里今犹在，不见当年秦始皇。”张家人收到回信后很羞愧，于是主动退让三尺打地基。硬气的邻居看到张家主动退让后也深受感动，同样后退了三尺。于是两家之间就有了一条巷子——“六尺巷”。这个故事大家耳熟能详，它是教人谦让的典范。

我之所以把这个大家都熟悉的故事讲出来，是因为谦让两个字太重要了。大家都有这样的感触，我们每天要碰到很多事情，开车上下班的路上可能会被其他的车别一下，中午排队打饭的时候可能会被别人插队，去小卖部买水喝时老板可能态度不好等，这些事情大多是因为对方不讲道理，真的要和对方争论，理还是在自己这边。但在这些情况下我不建议你和对方争论，因为很多时候输赢对我们来说都无关痛痒，我们不要把精力放在这些没有太多意义的事情上。这种时候，如果我们谦让一些，可能不会破坏一天的好心情，做正事的精力也不会被分散，这也是我们要教给孩子的东西。我们要教孩子谦让，谦让可以使他们用最低的成本生活在更舒服的社会环境中，谦让能够让他们更集中精力做那些需要花心思去做的事情。

《曾国藩家书》中也有大量内容是关于社会教育的，比如“说人之短乃护己之短，夸己之长乃忌人之长”，我们要教孩子少去讲别人的长短，这不仅是对孩子个人修养的塑造，也可以保护孩子身边的人。世界上没有不透风的墙，你在背后讲别人的那些不好的话，最终都会通过各种形式传到他的耳朵里，归根结底，保护孩子身边的人，也是保护孩子自己，他会因此获得更好的人际环境。《傅雷家书》等好书里面同样有很多关于社会教育的内容，大家有兴趣可以去找来读一读。

多年的闯荡也帮助我形成了自己的处世之道，我在《心明》这本书里讲的“三不忘”“四若在”“五远离”“六必恭”就是我对处世之道的总结，它们也可以作为社会教育的补充内容。我曾开玩笑地跟学生讲，我们凌家做人做事有个秘诀，那就是不计较，你可能会想：不计较算什么秘诀？这三个字也太简单了。你要是这样想就错了，越简单的话往往道理越大。不计较是宰相肚里能撑船，不计较是海纳百川、胸怀宽广，不计较是利他人、是利自己，不计较三个字是大道理的化身。凌家的这个秘诀和前面我们讲的谦让本质相同，都有利于营造良好而和谐的社会环境，孩子如果能做到不计较，将会受益一生。

经过二十多年的摸索，百外教育集团在社会教育上已经有了很多成熟的理念和方法，这点前面的章节有涉及，但没有重点讲，这里重点讲一讲。

百外会根据不同年龄段孩子的特点制定出针对性的社会教育计划。比如，对初一刚进校的孩子，百外讲“立规”教育，为的是培养孩子的规矩意识，让他们明白在学校和在家里不一样，知道什么事情在家里可以做但在学校不能做。对初二的孩子，百外重点进行“立德”教育，帮助他们树立正确的三观，让他们学会尊重他人、友善待人。对初三即将升学的孩子，百外重点开展“立志”教育，引导他们成为更好的自己，教导他们做一个对社会有益的人。“立规”“立德”“立志”教育的最终目的，是让孩子以后能立足社会！学校源源不断地向社会输出这些学业优异又懂得处事的人，是对社会最大的贡献。

从古代到近代，从我个人到我创办的学校，这一节我们围绕社会教育讲了不少内容，在再三强调教育要教人融入社会的重要性的同时，也介绍了不少教人融入社会的具体方法。相关的方法还有很多，大家平时可以多观察、多总结，教育孩子、将孩子培养成才是一场马拉松，为人父母、为人师免不了长期付出。

第四节　直面社会所需

改革开放四十多年以来，我们国家的社会状况得到了巨大的改善，对此我们可以举出成千上万个例子来证明。只要社会还在发展就必然会出现社会问题，如果我们的社会没有问题了，那么肯定也就谈不上发展了。需要明确的一点是，虽然今天我们有很多的社会问题，但这并不意味着我们的发展模式不行，有问题是社会阶段性发展的必然表现。相反，几十年来社会的快速进步表明，我们的发展模式是非常正确的，这个模式可以很高效地解决社会问题。

作为重要的社会门类，教育要直面并认真应对发展中遇到的社会问题，这是本节所讲的教育要直面社会所需，具体怎么做呢？我们以最近非常火的ChatGPT为例来讲一讲。

在我看来，教育要集中回答好有关ChatGPT的两个问题。ChatGPT是人工智能研究实验室OpenAI新推出的一个人工智能技术驱动的自然语言处理工具，出现于美国。第一个问题来了，为什么这种划时代的人工智能工具出现在美国？我们国家为什么没有先于美国把它搞出来？ChatGPT会写作业、会写论文、会写演讲稿……它在很多领域表现出了强大的能力，给教育领域带来了很多挑战。如果在极短的时间内就能得到问题的答案，那么我们还需要花费大量的时间和精力去学习知识吗？过去我们掌握的值得骄傲的技能未来可能一点用都没了，家长、学校、社会要怎样培养下一代？如果敲一下键盘就能得到答案，学生还会像原来一样尊师重道吗？人工智能好像成为不确定性的化身，所以第二个问题是，ChatGPT出现后，教育该怎么面对随之产生的系列社会问题？

先来看第一个问题——为什么ChatGPT先出现在美国而不是我国？答案是因为我们以往的教育很少讲创新。

大家可以回想一下自己成长的那个年代，父母对自己的教育强调创新吗？我想多数父母都不强调吧。我们的父母最常挂在嘴边的一句话就是："要听话，你们要听话。""要听话"的意思很好理解，就是让我们顺着他们的意思来，这种思维明显有违创新。你们可能会说："到了我们有小孩的时候要好多了，我们作为父母已经有了一些创新意识。"但这些创新意识还是不够，在平常的教育中，我们还要为创新意识加码。当然，我们还是要教孩子听话，不过这种听话应该理解成塑造孩子的教养，让孩子有礼貌、举止得体。对于孩子的很多"千奇百怪"的想法，只要不违反教养、不违反道德、不违反法律，我们都不要打压，要尽量支持。

现在，学校教育也类似于我们上面讲的家庭教育。学校只注重学生的考试分数、升学率。学生的很多考试，试题的答案都是固定的，解数学题的时候有专用的模板，写语文作文的时候有专用的模板，写英语作文的时候有专用的模板，做英语听力的时候不用听内容、有专门的套路可以帮助找到正确的答案，这样的例子数不胜数，且这些例子中很少有教学生去创新的，它们都有违创新二字。这样培养出来的学生只有从1做到100的能力，缺乏从0做到1的能力。当然，我们也知道，这样的教育模式、考试标准是基于当前的社会状况做出的综合选择，暂时没法做到大的优化，但是学校总得做点什么以培养孩子启发的能力吧。我一向要求百外的系列学校在注重孩子学习成绩的同时，也要花很多精力去培养学生的创新思维，我们在学校里鼓励发明创造，奖励有创新思维和创新成果的学生，一套创新的组合拳打下来，百外的学生有了很好的创新能力。我希望百外的教育模式可以推广开来，以帮助社会培养出更多有创新意识的人才。

孩子是社会的希望，我们在家庭教育和学校教育中要支持孩子创新，要加快在社会上形成良好的创新氛围，创新是社会进步的催化剂。到这里我们做完了第一份作业，现在来看第二个问题。

就目前的情况来看，我们依然无法准确预测ChatGPT对教育来说究竟意味着什么，但有几点是可以确定的：第一，教育偏离不了人心人性，机器永远不会懂得“言传身教”和“不言之教”；第二，教育讲究“因材施教”，人工智能讲究的是对信息进行批量化的采集和供给，它很难理解人的个体差异与个性化诉求；第三，教育不仅是知识的积累，更是人格的完善，人工智能不会懂得教人要同情、要包容、要友爱、要尊重、要谦逊等。这三点是ChatGPT挑战下教育从业者的定心丸，我们只要用心地教、有温度和有情感地教、有人文素养地教，教育领域就不会出现被ChatGPT“攻城略地”的局面。

这些年，我一直排斥让过多的技术手段介入到基础教育中，因而我始终强调电子产品不能进校园。基本知识是人类无论在什么时候都必须掌握的。如果一年级就让孩子用计算器计算三加四等于多少，那真的有点不着边际了。但机器也好，诸如ChatGPT在内的人工智能也好，它们的出现和普及自然表明它们的正面价值很大，虽然我强调学生要少用，但老师使用是可以的，不管是平日里老师教学水平的提升，还是针对某个课程而开展的备课工作，使用ChatGPT肯定会使老师传授给学生的知识更丰富、更扎实。

我在深圳当村支书的时候已经有了计算器，面对计算器，村里的会计和出纳有压力，他们觉得计算器让人的计算价值无从得到体现，人以后的计算能力可能会退化。但现在回过头去看，当时的想法显然是杞人忧天，机器毕竟是机器，人可以很好地驾驭机器。因此，教育不必恐慌于ChatGPT的出现，相反，我们正确地使用它后可能会有事半功倍的效果。

教育要坚守人文温度并正确使用ChatGPT等人工智能工具。到此，我们做完了第二份作业。个人认为，这个答案完全可以推广到社会上去，形成一份教育交给社会的切实可行的答案。

至此，我以ChatGPT为例，讲了教育认真应对社会问题的两个具体方法。我们的社会还有一些问题，每一个教育者都有责任应对好这些问题，希望大家都行动起来，直面社会所需。

第五节　教育强，则社会强

教育通过改变我们身边的人、身边的事，而后可以改善一个社区的居住环境，最后能提升一座城市的社会文化气质。这个过程虽然实现起来不是很快，但是它绝对是有序运行和正向传导的。

百合外国语学校成立于2003年，它和先前成立的春蕾小学以及最近几年成立的百合世纪小学一样，都对所在片区的社区生态和社区文化产生了显著的影响。百合外国语学校刚刚办起来的时候，所在片区的居民出行还很不方便，这些居民以外来务工人员为主，子女读书一直是比较大的问题。然而，百合外国语学校成立二十多年后，这一片区已经发展成了深圳知名的教育型片区和学习型片区，变化是显而易见的。

细心的人会发现，布吉荣华路、白鸽路区域有十几个小区，而这些小区居民的小孩多在百外、春蕾、百合世纪这三所学校读书。这里的社区生态带有明显的教育特征，商店多为孩子提供服务，有资料打印店、文具店、校服店、牛奶店，也有各种自习社、书法培训班、艺术培训班、运动培训班，因而有人开玩笑说："这里的商铺卖的鸡可能也是和孩子的教育相关的。”同时，学校显著促进了这片区域人口素质的提高，百外优秀的教育水平为这里吸引来了很多来自医疗系统、教育系统、文化系统、科技系统的人，这些人的素质相对来说是比较高的，他们为什么要来这里呢？为了孩子，为了他们的孩子能获得百外的优质教育，他们不仅自身素质高，也很重视对后代的教育。我走在这里的时候，经常能听到家长聚在一起交流孩子受教育的情况，他们对孩子的教育方式是丰富的，或是周末带孩子逛图书馆，或是节假日带孩子进博物馆，或是年头年尾带孩子去艺术馆等，教育是这里的居民交流得最多的事情。二十多年来，学校周边居民的文明意识显著提高，社会治安和社区环境都得到了显著改善。无疑，这就是教育之于社会的力量。

中学虽小，促进一个社区的进步却绰绰有余，推动一座中小型城市经济社会的发展也问题不大。贵州省福泉市有着悠久的历史，这个仅有34万人的县级市，2022年的GDP达到了238亿元，经济发展得不错。相对于还上得起台面的经济，这里的教育则要差不少，因而近年来不少富裕一点的家庭都把孩子送到贵阳去读书。连续三四十年了，福泉当地都没培养出一个北大、清华的学生，教育的落后不但让当地人不满意，而且拖慢了当地招商引资的进程。为什么？因为不少商人习惯带着孩子一起走，这里的教育差，他们就会担心孩子的学习问题，就可能因此不敢来这里投资兴业了。为了全方位改善营商环境，福泉下决心要提高当地的教育水平，并请百外教育集团在这里开办分校。福泉人的眼光是独到的，他们意识到了教育对于一座城市社会经济发展的基础性作用。我相信，用不了几年，福泉的基础教育一定会有很大的改善，社会经济发展水平也会随之明显提高。

很多人把合肥称为“第二个深圳”，在央视的一次全国创新城市的评选中，合肥曾排在第二，仅次于深圳。最近十几年来，合肥的发展是有目共睹的，在国家级战略科技力量和重大科技创新项目的引入、科技人才的汇聚、重要科研平台的建立等方面，合肥都走在全国前列。说句实在的，合肥这些成就的取得和中国科学技术大学位于合肥关系很大，这所有着超高科研水平的大学，在人才培养、科技成果转化、创新平台搭建、创新产业吸引等诸多方面，一直以来都活力无限，很好地推动了当地社会整体实现跨越式进步。

有高质量的教育才有一座城市的进步，一所或几所高水平的大学对一座城市来说是必要的。类似合肥的例子我们还能找到不少，比如厦门大学和厦门。厦门大学不仅是一所全国性的名牌大学，也是厦门这座城市的一张金名片，建校一百多年来，这所学校从来都是厦门经济社会发展的主要引擎，为厦门经济社会的发展作出了巨大贡献。同为经济特区的深圳，不像厦门一样，在教育上有好的先天条件。改革开放以来，深圳在经济发展上取得了瞩目的成就，这本是一件值得骄傲的事情，但深圳却多次被质疑是“文化沙漠”。深圳没有文化，有不少人原先好像都这么认为。

显然，深圳需要狠狠地补一补教育这门功课。为此，在基础教育和高等教育方面，深圳都进行了力度罕见的投资。在不断地努力下，今天这座城市在教育这门功课上几乎取得了和尖子生一样的成绩。短时间内，深圳的中小学数量从过去的两百多所猛增至现在的近三千所，深圳学生的高考成绩已经是广东省的顶尖水平。深圳的各类高校，也从近乎零所增加到差不多二十所，除深圳大学以外，南方科技大学、香港中文大学这样的高水平学校也来到了深圳。回过头来，深圳人突然发现，没人说深圳只是个挣钱的地方了，没人说深圳的教育落后了，没人说深圳是“文化沙漠”了。教育的进步，对深圳社会的贡献是全方位的，这里已经转变为“文化绿洲”，深圳人明显更加自信了。

以上例子都印证了一句老话——教育兴则城市兴，教育强则社会强。

第六节 只赚不赔的“买卖”

前面，我以我个人为例，讲述了教育的永恒定律。粗略地听起来，那一节和现在我要讲的听起来有点像，有的人可能要问了，这不是重复做事情、做无用功吗？不对。

有些人可能不理解什么是阶层，我来解释下。老祖宗说“物以类聚，人以群分”，社会的阶层分化自古以来就存在。人不光是家庭的基本组成单位，也是构成我们这个社会的基础元素，社会化的人是分很多种的。中国社会学会名誉会长陆学艺认为当前中国社会已经分化为“十大社会阶层”，即国家与社会管理者阶层、经理人员阶层、私营企业主阶层、专业技术人员阶层、办事人员阶层、个体工商户阶层、商业服务业员工阶层、产业工人阶层、农业劳动者阶层、城乡无业失业半失业者阶层。

也就是说，阶层可以朴素地理解为社会上某一类人的集合体或是对社会上有相似特征的某一类人的统称。从这十大社会分层可以看出，不同阶层所拥有的财富不同，所占有的社会资源也不同，所接受的教育和掌握的知识也明显不同。

讲完阶层，我还要接着讲阶层跃升。所谓的跃升就是往上走嘛，对不对？跃升就是从低的地方走向高的地方。结合我上面的例子，我们可以形象地理解阶层跃升这个概念，阶层跃升就是不同阶层之间的转变，由掌握较少资源的阶层上升到掌握较多资源的阶层。并且发生这种转变的还不是一个两个、一群两群人，是社会上的一类人、两类人、多类人。概念普及完了，那么回到我们这一节的主题，教育仍旧是个只赚不赔的“买卖”，可以实现阶层跃升，这种说法对吗？

我认为这种说法很对，能找到很多证据来证明它。我们来看下面这个例子。

“富不过三代”这个说法起源的具体时间已经很难考证，多年过去，这种说法没有消失，今天我们还能时不时听到。我们经常听到某个“富二代”吃喝嫖赌败光家产的消息，也经常看到某个“富二代”不务正业、游手好闲的新闻，看来把家庭甚至是家族带向衰落的“富二代”“富三代”很多，他们是一个群体，虽说不是阶层，但和阶层类似。现在，“富二代”在某些语境下是贬义词，这个贬义词里潜藏的含义是“败家”这两个字。从“富不过三代”到“富二代”里潜藏的“败家”含义，我们看到的是一个走下坡路的类似于阶层的群体，这反向于我们要讲的阶层跃升。

为什么我要先讲这个反向的例子呢？这样讲，除了会使逻辑变得有意思外，我更想借机强调的是另一点，这一点值得我们每个人记住、需要我们每个人记住，就是我们的社会还没有固化。因为社会还没有固化，所以阶层之间是流动的，“富二代”“富三代”可能会变成“穷一代”，“穷一代”“穷二代”也有机会和空间变成“富一代”。当然，这么说有点极端，我讲得温和一点，阶层流动使得每个阶层都会出现空缺，面对这一空缺，贫寒子弟在获得良好的教育后，再经过后天的努力，完全可以上升到国家与社会管理者阶层、经理人员阶层、专业技术人员阶层和企业主阶层。通过这个反向的例子，我们至少证明了“仍旧可以实现阶层跃升”是对的，要完全地证明本节标题传达的意思，还要往下看。

不管是基于我们生活中的观察，还是结合各种调查数据，我们都可以发现，败家的“富二代”“富三代”多数都不爱学习，他们不喜欢接受教育，很多人从小就不喜欢学校，不喜欢听父母的教导。孩子走错第一步后，他们的父母中有很多没有立马纠错，要么就放任孩子，要么更溺爱孩子，以致走错第二步。最终，这些一错再错造成了我前面讲到的不少“富二代”“富三代”的吃喝嫖赌、不务正业。讲到这里，我们基本上证明了本节主题，为了让这个证明结果更经得起检验，我们再看下面的例子。

不知道大家有没有观察到这个现象，每年高考出来的很多状元，省状元也好、市状元也好、县状元也好，他们的家庭大多不是最好的，少数人家中甚至很困难。每年我们都可以看到这样的新闻，大概就是某个考上清华、北大等重点大学的学生，是在田间地头、建筑工地、流水线上收到的录取通知书。百外也差不多，那些成绩中上的同学中，家庭情况好的是少数。这些例子反映什么，反映出直到今天，教育都还可以改变一大群人的命运。这些成绩好、家里普普通通甚至贫困的学生组成的阶层，通过教育这个有力的“工具”也好、美丽的信仰也好，尝试改变自己的力量，实现阶层跃升。他们到好大学后，只要坚持初心，按我的经验看，人生多半不会出现什么大问题。他们中的绝大部分人最终都能获得不错的“收益”，成为管理人员也好、成为企业主也好，这个原先普通甚至贫穷的阶层通过教育，最终实现了阶层跃升。

从反向的例子讲到正向的例子，讲到此处，我们可以大胆地将“教育仍旧可以实现阶层跃升”后面的问号改成句号、改成感叹号了！最后我想说的是，阶层是社会中较主要的构成单元，社会要想稳定发展、要想文明进步，促进阶层流动就必不可少。未来，我们要继续投入精力到教育上去，这个精力再多也不为过，投入的精力越多，教育最终能够反哺给这个社会的也会更多，这是个只赚不赔的“买卖”！

附录一 经典名言

1 天下取士，悉由学校升贡。 ——《宋史》

2 教育为公以达天下为公。 ——陶行知

3 国学教育是要在社会上造成一种不逐时流的新人。

——梁启超

4 创造人的是自然界，启迪和教育人的却是社会。

——（俄）别林斯基

5 吾道废兴时否泰，人才进退国安危。 ——于石

6 学校的目标应当是培养有独立行动和独立思考的个人，不过他们要把为社会服务看作是自己人生的最高目标。

——（美）爱因斯坦

7 人类的历史越来越成为一场教育与灾难的较量。

——（英）威尔斯

附录二　古今事例

01

女子受教育，改变三代人

张桂梅，被人称为“奇迹校长”，创办了中国第一所全免费的女子高中，她用教育帮助2000余名贫困女孩改变命运，用教育改变了贫困山区里重男轻女的价值观。

1996年，39岁的张桂梅到云南省丽江市华坪县的偏远山区任教，不久后她得了重病。“当我有病的时候，父老乡亲救了我，他们给我捐款，让我治病。”张桂梅十分懂得感恩，怎么改变当地妇女和儿童文化素质不高的局面？这个问题经常让她睡不着觉。

“女子受到良好的教育，可以改变三代人。”为了通过教育斩断一代又一代紧扣的贫困链，提高当地妇女和儿童的文化素质，张桂梅决心要办一所专门招收贫困家庭女孩的高中。

2008年，全国第一所全免费的女子高中——丽江华坪女子高级中学开学，张桂梅任校长。十多年来，华坪女子高中共培养出2000余名，高考成绩优异的毕业生。张桂梅的初心，一步一步地得到了实践。

张桂梅为社会作出了巨大的贡献，改变了很多贫困女孩、贫困家庭的命运，她先后获得“全国三八红旗手”“全国十佳最美乡村教师”等40多项荣誉，激励和影响了一代人。

02

韩愈被贬，潮州受益

公元819年，51岁的韩愈因惹怒唐宪宗被贬为潮州刺史，但让人没想到的是，由于这次被贬，韩愈在潮州留下了千古印记。

韩愈在潮州虽然只待了半年左右，但却做了大量影响潮州后世的工作，比如兴修水利、去除鳄患、赎放奴婢等，影响最深远的是他在当地兴办教育。

韩愈将大部分俸禄都投入办学中，在这里建立了一批学堂。短短七个月，这个蛮荒之地就撒满了韩愈带来的重教育、重读书的种子，潮州好学崇文的风尚开始形成，而后历经千年不衰。

因此，后世有了“韩愈被贬，潮州受益”的说法。现在，韩文公祠是潮州重要的文化地标之一，韩愈重教育、重读书的禾苗在这里茁壮成长、枝繁叶茂。

第六章 教育·国家

民族复兴，关键在教育

通过声音感受
教育的力量

小引

同前面几章一样，本章分为六节。从“国家”和“中国”两个视角出发，这六节可以分为两个部分。

第一部分包括前面三个小节，集中讲的是世界范围内的国家与教育的关系。简要回顾中西方的教育理念后，第一节介绍了教育在国家发展上的重要性——国之大事。以德国和日本的崛起为例，第二节解释了这一重要性。第三节是对教育如何帮助国家强盛的总结，方式有三种，即教育用三种方式打通强国路。

后面三个小节属于本章要讲的第二部分，这部分着眼于中国。第四节首先分析了近年来中国崛起的原因，即教育崛起。我投身中国的教育事业多年，所以在第五节、第六节，以办学经验为例，我集中讲了我参与中国教育崛起的具体形式。

教育强则国家强，为了更好更快地实现民族复兴梦、国家强盛梦，今天的我们能为我们所爱的中国做些什么？管理者可以从中找到答案，教育者可以从中找到答案，很多人都能从中找到答案，这一章集中而开放。

少年强则中国强，最为重要的是，孩子也可以从中找到答案。

>> 今天我们一点点地培养孩子的主人翁意识，明天我们的国家就会一点点地变强大；今天我们重视培养孩子的主人翁意识，明天别人就会重视我们的民族、重视我们的国家。

第一节　国之大事

不管哪朝哪代，也不管是在东方还是在西方，教育一直以来都是国之大事！

首先，离开了国家，稳定而有规模性的教育将无从谈起，从这个角度来讲，教育需要国家权力的支持，没有后者强有力的支持，教育很难有所作为。其次，教育可以统一国民思想，这对增强一国的政治稳定性很有作用，政治稳定了，国家的综合力量也会大幅提升。教育的作用还有很多，这里就不再列举了，我只想强调一点，它们最终都将产生一个共同的结果，那就是让国家富强，所以教育是国之大事。

千百年来，中国人都很讲究家国情怀，中国的文人尤其如此。无论是传道授业的老师，还是求知问道的学子，大多数人都有着修身、齐家、治国、平天下的理想追求，穷尽一生都想用自己所学为国家做些什么。从“先天下之忧而忧，后天下之乐而乐”的范仲淹，到“人生自古谁无死，留取丹心照汗青”的文天祥，从“商女不知亡国恨，隔江犹唱后庭花”的杜牧，到“我自横刀向天笑，去留肝胆两昆仑”的谭嗣同，华夏历史上，把个人命运与国家前途深度联结在一起的人数不胜数。这些家国情怀来自家庭教育、来自学校教育、来自社会教育，这是教育对国家的贡献。

教育受重视、搞得好的时候，中国的王朝能臣辈出、政治清明，出现一个又一个盛世，读书人在这样的盛世里能轻易地为国尽才。教育不受重视、搞得差时，往往培养不出大批有真才实干的治国人才，这种情况下的王朝，其治理能力、行政效率会大大降低，最终往往走向衰落并消亡。中南大学的教授总结并解释过这个道理，更为简练地讲就是：王朝的盛衰与教育的盛衰有紧密的关联，王朝盛衰的原因可以在教育中探寻。

牛津大学知名的历史学家保罗·肯尼迪在其著作《大国的兴衰》中提到，中国的印刷技术“没有用于广泛传播实际知识”，明清时期中国倒退的关键因素纯粹是“儒家学说的官吏们的保守性”，这一保守性“扼杀了新鲜事物”。保罗·肯尼迪对明清时期中国倒退原因的分析其实包含了两个重点：一个是他认为我们缺乏创新，这一点我在第五章提到过；另一个是他认为中国的实际知识在明清时期的社会大众中没有得到普及，换句话说，他认为明清时期中国没有在社会大众中普及教育。通过后面这一点，保罗·肯尼迪再次强调了教育之于国家的重要性。

在《大国的兴衰》一书中，保罗·肯尼迪还提到了奥斯曼帝国衰落的原因——虽然帝国的很多城市“还有大学、图书馆和极其壮丽的清真寺”，但帝国“越来越多地受到专制集权和对创见、异端、商业的极端保守态度的影响”，这些态度扼杀了新鲜事物。国家有大学、有图书馆就不会衰落吗？从保罗·肯尼迪的观点来看，这个问题的答案是“不一定”，创新也很重要。他的话从侧面再次验证了我在第五章讲的创新之于社会发展的重要性，也进一步点明了创新对一个国家的发展来讲至关重要。这里多讲一句，第五章和第六章的核心主旨之一或许可以用“教育和创新是社会之大事、国家之大事”来概括。

保罗·肯尼迪口中有关明清时期的中国和奥斯曼帝国衰落的原因，放在一起总结出来就是：明清时期的中国、奥斯曼帝国的衰落与知识仅在统治阶层中传播有关。你可能会问：在后来崛起的西方国家中，教育的地位如何？教育扮演了什么样的角色呢？下面我们来看看近现代英美国家的例子。

十七、十八世纪英国著名的教育家洛克有这样一句名言：“英国要想成为真正的大国，首先必须大力进行教育改造。”洛克开辟了英国教育现代化的道路。差不多在同一时间，法国、德国、意大利、西班牙等国家也都相继开展了以教育平民化为标志的教育改革。教育的社会化改革让更多的公民有机会接受到良好的教育，社会大众成了直接受益者；教育的社会化改革奠定了西方国家工业革命的基础，国家也成了直接受益者。工业革命取得的巨大成果反哺教育，这些国家因此强化了在制度、技术、人才等众多领域上的优势，国家继续兴盛，国家全面兴盛。

起步稍晚的美国，不仅在教育上投资巨大，在教育现代化和教育社会化的改革上更是不遗余力，一套操作下来，美国获得了抢占西方世界领导地位的坚实基础。自1901年以来，美国科学家获得诺贝尔奖近400次，几乎是排在第二名的英国的3倍。如今，全世界最好的大学有85%在美国。卡内基小组的研究表明，美国的经济实力有50%是从它的教育制度中获得的。拥有了世界一流的教育，美国才能集聚全世界最优秀的人才；集聚了全世界最优秀的人才，美国才能逐渐成为科技强国。对于复兴中的中国来说，这是极为深刻又必须学习的一课。

我上面讲的这些道理也好、例子也好，读起来可能会觉得有些泛、有些啰嗦，那还有必要讲吗？肯定是有这个必要的。我认为，不管是书还是课，都要将教育和国家的关系作为重要内容，并且要花很多的精力讲好教育之于国家的重要性。“世上无难事，只怕有心人”，其实任何书本、任何知识，只要我们用心去读、去学，肯定都能学到它的精髓、学到它很有意思的一面。

一个国家崛起的过程，其实就是一个国家教育现代化、结出教育硕果的过程。老话讲“建国君民，教学为先”，这句话是对本节主题“教育是国之大事”的集中表达，我把它放在结尾，希望它可以帮助大家更好地记住这一节的主要内容。

第二节 胜利始于小学课堂

教育的本质是引导个人成为更好的自己，个体变好了，国民素质才会提高，国家才有未来，教育表现出来的更像是一种持久且柔性的力量，在较大的时空背景下，教育的这种力量比军队、警察等国家机器带来的力量要强得多。因此，即便一个国家的政权垮台，它所塑造的教育影响力也会持续很长时间，这足以让一个衰落的民族崛起，二战后德国、日本的崛起很好地诠释了这个道理。

在英国已经建立起“日不落”帝国、拿破仑已经征服了大半个欧洲的时候，德国还没有实现真正意义上的统一。十九世纪初，普鲁士的威廉一世提出强国要先强教育，他对大臣说：“正是由于贫穷，所以我们才要办教育，我从来没有听说过一个国家是办教育办穷的。”之后，普鲁士不仅实行了义务教育，还规定孩子如果不上学、逃课，家长将会被罚款。通过系统性的教育改革和持续有力的资金投入，普鲁士很快就得到了回报，在统一德国的同时，综合国力也大为增强。

在这样的背景下，一位将军说出了那句很经典的话：“今天的胜利早在小学的教室里就注定了。”

崛起之后的德国不仅没有降低对教育的重视程度，相反，他们投入教育的精力更多了。基于对教育的极度重视，德国连连获得丰厚回报，他们引领了第二次工业革命、欧洲的科技革命，从1901年到1945年二战结束，德国科学家一共获得了39次诺贝尔奖，获奖次数几乎是同期英法两个国家的总和。今天我们熟悉的教室、讲台、黑板、课桌教育设施也都起源于德国，就连学生上课起立、跑操、罚站等管理模式，也都是从德国推广到全球的。

二战后，上万名德国尖端科学家和技术人员迁往了苏联和美国等战胜国，德国元气大伤。但有一点德国是很幸运的，那就是美国等国默许德国保留双元制教育体系。什么是双元制教育体系呢？就是研究类教育和实用性教育分离，普高教育和职高教育分离，这种教育制度本就是德国此前崛起的关键因素，因而它的保留让德国有了重新崛起的基础。加之战后德国持续加码对教育的投资，德国很快就恢复了在欧洲甚至在世界范围内的教育优势、人才优势、科技优势。

二战前，因法西斯政权侵略扩张的野心，德国教育经费占国家总开支的比例不是很显眼，教育支出甚至只占到了军费支出的五分之一。需要明白的一点是，虽然战前德国的教育支出仅占军费支出的五分之一，但因为德国的经济总量很大且军事建设又是法西斯政权的重中之重，所以教育支出的总额还是很可观的。战后，情况发生了颠覆性的改变。此时德国国内的军事建设几乎完全停滞，教育领域分到的经费占比显著增加，德国在教育上的投资力度更强了。二战时，德国境内70%的学校遭到破坏，战争结束时的教育体系基本上处于瘫痪的状态，但仅仅用了五年时间，极度重视教育的德国就将教学设施和教师数量恢复到了战前水平。众所周知，今天的德国已经是欧洲乃至世界的教育强国之一。

在双元制的教育体系下，德国的孩子中学毕业后，有61%的人将接受职业教育，稳定的生源供给和出色的职业培养模式造就了德国发达的职业教育体系。出色的职业技术人才源源不断地进入战后德国的各行各业，他们是战后德国经济迅速腾飞的“秘密武器”。教育给的这把“秘密武器”，威力是无穷的。1950年，德国的经济总量就超过了1936年的水平。到了1990年，两德统一后，德国的GDP一直稳居世界前列。这里，我们不免再次想起那位将军的话：“今天的胜利早在小学的教室里就注定了。”

二战的另一个战败国日本对教育的重视程度，与同时期的德国不相上下。战后的日本继续实行自“明治维新”实施的“教育先行”战略，他们非常看重教育，有很多统计数据都可以支撑这一点。他们的教育预算长期维持在政府总预算的20%左右！他们对基础教育的重视放在全世界来看也是极为罕见的，用在基础教育上的经费长期占教育总经费的75%左右。战后第三年，日本基础教育的入学率就已经高达99.27%，这远高于美国等战胜国。可以这么讲，战后日本的发展重心是教育，教育的发展重心是基础教育，基础教育的崛起为战后的日本带来了极具规模的国家重建人才。

二战结束时，日本全国约有1500万人失去了家庭和财产，310多万户居民的住宅被毁，粮食供给严重不足。然而，即使在这样的情况下，他们的天皇宣布投降后仅仅一周，中小学就开始上课了，老师在废墟里讲课，学生在废墟里上课，这再一次体现了战后日本对教育的重视。战后的日本还很重视培养在校学生的自立能力、劳作能力、吃苦能力，这使战后日本小学生的综合素质无论是在亚洲还是在全世界都偏高。

经过近十年的发展，到1955年时，日本主要的经济指标超过了战前的最高水平。这么短的时间就能恢复国民经济，对教育的重视显然是重要原因。1968年，日本GDP位列世界第二，从此稳居全球第二经济大国的位置，直到2010年被中国超越。今天我们回头看，战后日本在教育上所花的精力，基本上没有浪费，日本也成为亚洲少有的几个发达国家之一。我们在谴责日本所犯下的战争恶行的同时，要虚心学习他们成功的经验。

重要的事情说三遍："今天的胜利早在小学的教室里就注定了。"这一节的结尾，我要再讲一遍这句话。教育可以成为德国、日本崛起的关键，同样也可以成为我国实现民族复兴、国家富强的金钥匙。

第三节 教育打通强国之路

前面两节，我讲了教育对于国家发展的重要性，也讲了德国和日本是怎么通过教育崛起的。作为第一部分的最后一个小节，我想做一些总结，归纳一下教育打通强国之路的方式。就我个人的思考来看，我认为教育是通过三种方式打通强国之路的。这三种方式概括起来有些拗口，第一个是“众人”，第二个是“种人”，第三个是“重人”，下面我们一个一个地讲。

首先讲“众人”。一个国家的兴旺靠的是全体国民的力量，只有大家心往一处用、劲往一处使，国家才能建设好。我们国家有“众人”的条件，这是毫无疑问的。长期以来，我国都是世界上的人口大国，数量众多的人口为中华民族的复兴作出了巨大的贡献。

深圳乃至整个珠三角地区，自改革开放以来，一直都是外来务工人员的聚集地。来深圳务工的人主要分为两类：一类是普通的打工人，另一类是文化水平较高的知识人群。普通打工人主要的工作地点是各种工厂，服装厂、电子厂、玩具厂的流水线上都能见到他们不辞辛劳的身影。这些工厂都属于劳动密集型产业，它们需要大量的工人，没有数量众多的工人，这些工厂肯定发展不起来，他们发展不起来，深圳的制造业、整个珠三角的制造业也发展不起来，数量众多的普通务工人员是推动广东以及整个中国得以发展的强大力量。

这些年来，深圳的发展重心转向了科技产业。从通信巨头华为到无人机巨头大疆，从新能源巨头比亚迪到互联网巨头腾讯，深圳孵化出了很多知名的科技企业，这些企业是由来深圳的第二类人群——文化水平较高的人发展起来的，这些人具体来自哪些地方呢？我经常听人开玩笑，说武汉的大学都是在为深圳培养人才，说深圳大部分银行的行长都是厦门大学培养的。深圳的建设者来自国内的各个高校，他们很多人都出自名牌大学，在大学里成绩优异。

我举有关深圳的例子，是想说明“众人拾柴火焰高”的道理，具有较高文化水平的众人一起拾柴，火焰会更高。没有大家的携手，就没有今天的科技深圳、繁荣深圳。

接着讲“种人”。这个“种”是培植、培育、培养的意思。任何一个国家的发展和强盛，都需要“种植”经济、科技、军事、文化等领域的高端人才。一个国家的教育体系，必须把培养人才作为中心工作之一。这些年来，我们国家对学校的资金和政策支持很大，今天不少大学的年度办学经费都超过了百亿大关。有了充足的经费后，大学可以建更多更好的实验室，买更多更好的实验器材。我喜欢中国的传统文化，平时经常读历史方面的书，也关注考古方面的新闻。自海洋考古这个学科出现以来，我国在这个领域的研究长期停滞不前，很大的原因是我们没有专业的海上考古科研船只。但是这几年，情况改变了，在国家的大力支持下，很多科研院校都配置了完善的海洋考古设施，基于此，我国海洋考古的学科建设很快就走向了世界前列。

中国人从来都是聪明的、努力的，新中国成立初期我们在条件很艰苦的情况下都能很快打下工业化的基础，现在有了更好的条件支持，我相信我国的各行各业很快将会迎来跨越式发展。种一株花要花精力，种一棵行道树要花钱，“种”一个人肯定也要花钱、花精力，“种”一批人更要花钱、花精力，但我想说的是，正如夏天你可以在长大的树下舒服地乘凉，秋天你可以闻到桂花香，“种人”所耗费的精力、时间、金钱绝对是值得的，对一个人来讲如此，对一个国家来讲更是如此。

最后讲“重人”。这个“重”是重视的“重”，国家要想强大，就要形成重视人才的风气。我们国家越来越重视人才，最明显的例子就是“抢人”。这方面的新闻很多，我们可以从新闻上看到北上广深在“抢人”、杭州在“抢人”、长沙在“抢人”等，很多省份、很多大城市都在“抢人”，这些地方“抢”硕士研究生、“抢”博士研究生。对毕业后愿意到这些地方的人才，它们给予很多奖励和优惠，有些地方动辄奖励上百万，有的地方给的安家费同样上百万，有的地方虽然不奖励钱，但它们会为愿意过去的人才提供在购房和落户等方面的很多优惠。总而言之，为了能够吸引人才过去，很多地方都使出了浑身解数，这很明显是对人才的重视。

除开奖励已经毕业的名校生等，很多地方也奖励高考后考上各种名校的学生。大家最为熟知的就是每年都会有很多考上清华、北大等名校的学生得到高额的奖励，其实除开这些非常优秀的学生，很多地方也会批量奖励那些考上一本、二本的学生，毕竟我们这个国家的建设，光靠顶尖的那批人才是远远不够的，很多领域也都还需要作为中坚力量的人才。这些奖励有些来自地方政府，有些来自企业家，有些来自其他的爱心人士，社会各界都在合力打造“重人”之风。我一直认为我们这个民族、我们这个国家是非常有希望的，因为我们从来都不缺乏“重人”之风。

做好了“众人”“种人”“重人”这三点，我们的民族复兴事业、国家复兴事业所需的时间将会大幅缩短。这三种打通强国之路的方式，源自我多年的办学经验，希望它们可以作为我国的教育事业方法上、理论上的有益补充。

>> 从“先天下之忧而忧，后天下之乐而乐”的范仲淹，到“人生自古谁无死，留取丹心照汗青”的文天祥，从“商女不知亡国恨，隔江犹唱后庭花”的杜牧，到“我自横刀向天笑，去留肝胆两昆仑”的谭嗣同，华夏历史上，把个人命运与国家前途深度联结在一起的人数不胜数。

第四节　教育崛起助力民族复兴

谈教育与国家的崛起，肯定要谈教育与中国的崛起，中国崛起的关键是教育崛起，我把这个主题放在本节的最前面，方便大家理解后文的内容。

中国崛起不仅是国内的热门词汇，也是国际社会上热议的话题。我一直认为，中国的崛起是人类文明史上最伟大、最复杂的一次大国崛起的过程。这么说的原因主要有两点：一是人类文明史上从来没有像中国这样一个人口超过十亿的大国能在短期内崛起；二是中国的崛起是“一枝独秀”，崛起的过程中受到了很多西方国家的打压和遏制。还有一点需要注意，那就是西方国家崛起的根源是殖民掠夺，他们靠残酷的殖民掠夺从世界上搜刮得来了所谓的第一桶金。西方国家崛起的背后暗藏了太多的非正义性，而众所周知，中国是在文明中、友好中、求发展中崛起的，我们讲究的是人类命运共同体意识。

中国的崛起是一项系统性的工程，涉及的具体原因非常多，如果非要给这些原因排个队的话，我认为教育应该排在队伍的最前方。

德国《明镜》周刊刊登了一幅很有意思的漫画，这幅漫画的标题是“人口：印度（将）超过中国”，画中有两辆不同的列车。一列是车内坐满了人、车外站满了人的火车，火车头上的人举着印度国旗；另一列是车身印有中国国旗的高铁，车身没有印度列车的陈旧感，是很现代化的流线型设计。有意思的是，不仅列车差别很大，漫画中的两条铁轨也像是不同时代的产物，中国高铁下的铁轨干净、整洁、规范，而印度列车下的铁轨则给人一种弯弯扭扭、极不规范的感觉。这幅漫画直观地展现了中国与印度在经济、人口素质和基础设施建设领域上的巨大差距，要我看，这种差距源自两国在教育方面存在的差距，对比两国的教育数据能进一步证实我的说法。

中印两国有很多共同之处，两国同在亚洲，又都是文明古国人口大国，且中华人民共和国和印度共和国成立的时间都在二十世纪中叶，当时都为落后的农业大国等。粗略讲起来，我们的起点是差不多的，但是了解世界史的人应该知道，认真来讲，印度的起点其实是比我们要高一些的。

一晃七十多年过去，今天再来比较，中国取得的发展成果已经远远多于印度了。1950年，中印两国的文盲率都在80%以上。现在，中国的文盲率已经下降到2.67%（2021年数据），而印度则还是世界上文盲人口最多的国家，其成年文盲人口数量仍高达2.87亿，其文盲人口数量占全球文盲人口数量的37%，不管是文盲人口总量，还是文盲人口的全球占比，在二十一世纪的时代视角下，印度的数据都高得非常吓人。这些教育数据都实实在在地表明，教育上的差距狠狠地造成了两国今天在发展和综合国力上的差距。

1949年，中国只有3000多万名小学在校生、100多万名中学在校生、10多万名大学在校生，教育的落后、人才的缺乏制约着国家的发展。

1951年，周恩来总理在一次会议上疾呼："人才缺乏已成为我们各项建设中的一个最困难的问题。不论在经济建设、国防建设，还是在巩固政权方面，我们都需要人才。"周总理的讲话起到了立竿见影的效果，此后，中国在教育领域开展了大刀阔斧的系列改革，基础教育成为国家建设事业中的重中之重。教育部2021年的数据显示，中国共有各级各类学校52.93万所，各级各类学历在校生2.91亿人。可喜的是，高等教育在校学生的总规模达到了4430万人，我国在教育上取得的成就真的很了不起！在中国特色社会主义现代化教育体系的有力支撑下，中国在教育上已经取得了举世瞩目的成就。

中国能取得今天的成就，教育出力很大，这是一个明显到都不需要做太多论证的结论，因为我们不管是在本书，还是在中国的各个角落，随便都能找到证据。

来自世界知识产权组织的数据显示，2022年中国专利申请量占全球的47%，居世界第一。日本文部科学省的一份报告称，中国的科学论文，在数量和质量上都提升得很快，这两项指标都已经超过了美国，综合水准跃居世界首位。同时，据中组部公开的数据，中国现在人才资源总量达到了2.2亿人，这个数字甚至都超过了全球绝大多数国家的人口总数，我们的人才储备是非常充足的。这些事关国家未来的教育成果的取得，都离不开每一个中国教育人甚至是每一个中国人的辛勤努力。

现在，中国依然处在崛起的关键期；未来，中国依然需要崛起。国家仍然存在发展的需求，这意味着我们的教育需要持续发展、需要深耕。

过去这些年，中国的教育成果丰硕，但教育的质量，尤其是高等教育的质量，依然还有很大的提升空间。我们不能停滞不前、骄傲自满，不能就此放弃前进的念头。目前，中国的高等教育与美国相比依然差距较大，在基础科学研究、创新型理论研究等领域，我们都还有很长的路要走。虽然中国制造业的体量巨大，但诺贝尔奖的获奖次数还是很少，诺贝尔奖的背后表现的多是一国的科技创新能力，一国的获奖次数越多，意味着它的科技创新能力越强。英国、法国、德国、美国、日本等国家在自己的制造业高度发达的时期，基础科学研究也相对发达，拿到的诺贝尔奖也不少。我们的经济体量和诺奖获奖次数不对等，因此我们还需要在科学研究、技术创新领域多下苦功夫。未来几十年，中国教育在质量上还要有往高处走的决心。

这一节，我们首先肯定了过去中国在教育上取得的巨大成果，而后，结合未来的发展需求，也大致点明了中国教育在未来的发展方向。这两部分都是紧紧围绕着中国崛起这个话题来展开的，可以说，过去，我们搞教育是为了中国的崛起，这个目标我们实现得不错。未来，我们还是要大力搞教育，为的是中国有更好的发展，这个目标更大，当然也更难。不过，结合过去的经验，加上越来越强的民族自信心、国家自信心，我相信，实现这个更大、更难的目标肯定不是梦！

第五节　我的一堂课

我不经常给学生上课，但偶尔也会和他们讲一点自己的心得。有一次我给学生讲了龟兔赛跑的故事，这个故事我知道他们肯定都听过，但我还是仔仔细细地讲了一遍，为什么呢？

讲完后，我问他们龟兔赛跑这个故事中到底有几个主人公，孩子们一般都说有两个——龟和兔。这个答案说对也对，说不对也不对。什么时候是对的？在考试的时候，这样回答是对的。但如果不是在做试卷，我的答案和语文老师给出的答案就不一样了，我觉得有三个主人公。为什么我认为有三个主人公？我进一步解释了。其实，当我们读这个故事的时候，不管是站在龟的视角思考，还是站在兔的视角思考，我们都已经实实在在地参与了这个故事，所以自己也是这个故事的主人公，并且还是这个故事最重要的主人公。成长的过程中，孩子会遇到各种各样的“比赛”，是像乌龟一样耐心学习知识、厚积薄发，还是像兔子一样盲目自信、结局惨淡？孩子需要自己做出选择，其选择决定了自己的一生。

我之所以讲这个故事，是希望学生们能有独立思考的能力和强烈的主人翁意识。党的十九大报告明确了全面建成社会主义现代化强国的时间表、路线图：到2020年全面建成小康社会、实现第一个百年奋斗目标；到2035年基本实现社会主义现代化；到21世纪中叶，建成富强民主文明和谐美丽的社会主义现代化强国。从这个规划来看，我认为接下来的这几代学生，一定会是未来中国完成第二个百年目标，实现中华民族伟大复兴事业的参与者、见证者，他们将会是第一批打开强盛中国时代之门的人，他们的肩上扛着特殊的历史使命、民族使命、国家使命，中国的明天将交到他们手中，他们如果没有主人翁意识，那将是万万不行的。

我们要加强塑造孩子的爱国主义精神，生在中华、长在中华定当爱我中华，“为中华之崛起而读书”的主人翁式信念永远都不会过时。

时代变好了，现在不像我长大的那个年代，做人做事有很多讲究。不管做什么，首先要考虑的是集体的利益，那是一个热火朝天、非常讲究互帮互助的年代。考虑完大家过后才能考虑自己，个人利益和集体利益有冲突的时候，个人利益要放在后面。今天，讲究这些的人好像不多了。特别是在城市里面，很多人在做事情的时候，出发点和落脚点都只是自己，不去想这件事对大家好不好，更不会去想这件事会对大家造成什么伤害。还有很多人，不要说为集体考虑，连为自己考虑的动力都没了，没动力自我提高、没动力积极工作等。这是什么原因造成的呢？我认为很重要的一点就是他们没有主人翁精神。久而久之，这些不好的东西会传染孩子。很多孩子要奖励钱才肯吃饭，吃一碗饭五块钱，吃两碗十块钱；很多孩子要奖励玩具才看书，看完一本书要这个玩具，看完两本书要那个玩具；还有很多孩子洗澡都要提条件，洗澡一次要带他出去玩一次。这些事情让我很痛心，这些孩子怎么会变成这样？他们的家长有责任，孩子自身也有责任。吃饭是为了让你长得更高更壮，看书是为了让孩子能学到更多的知识，更好地认识和了解世界，洗澡是为了让孩子更健康，这些都是孩子自己的事情，都是对其有好处的事情，为什么还要让别人来督促、来求他们去做呢？主人翁意识到哪里去了？即使它飞到天上去了，我们也应该尽快把它抓回来。

以前有一条公益广告让我印象很深，可能不少过来人都有印象。广告讲的是一对母子的事情：妈妈晚上下班回家后，年幼的儿子看着她劳累的样子，非常心疼，他给妈妈端来了一大盆温水洗脚，妈妈看见后非常感动，露出了大大的笑容。要我讲，这个小孩子之所以能这么孝顺，懂得体贴妈妈，有一个很重要的原因就是他有主人翁意识，他知道他是这个家的一分子，也知道他需要为这个家做些事。这个小男孩应该成为今天很多孩子的榜样。

我非常清楚今天这批孩子的特点，所以百外的学校非常注重培养孩子的主人翁意识，我们想尽力补全一些孩子在这方面的缺口。

在学校里，我们强调得最多的就是：你是这所学校的学生，你要把这里当家，你是这里的主人。学校经常可以见到类似“学校是我家，保护环境靠大家”的标语，老师在课堂上也经常提及与班级荣誉、集体荣誉、学校荣誉相关的话题，告诉学生要捍卫这些荣誉，每个人都是很重要的一分子。学校也会经常介绍学校的历史，通过学习学校的历史，学生会加深对这所学校的理解，时间久了，他们对学校历史的了解、对学校的理解就会转变成对学校的认同，学生认同了这所学校，肯定会自然而然地把自己当成学校的主人，主人翁意识也就培养起来了。在学校培养孩子的主人翁意识只是很小的一个点，孩子在形成了对学校的主人翁意识过后，多半会把这样的主人翁意识带到家庭当中、民族当中、国家当中去，孩子最终会强烈地认识到，他们是这个国家的主人。这个强烈的有关国家的主人翁意识是百外的学校和我最想让孩子培养的，因为我对我们这个国家有很强的主人翁意识，让孩子养成这个意识本身就是我的主人翁意识表现，是我对国家的责任。

最后我想说，水滴石穿。今天我们一点点地培养孩子的主人翁意识，明天我们的国家就会一点点地变强大；今天我们重视培养孩子的主人翁意识，明天别人就会重视我们的民族，重视我们的国家。

第六节　“爱国”永远是教育的方向标

每一个教育人都会想一个问题：我们究竟要培养什么样的人？这是教育人的核心问题。我们要培养一个成功的人，我们要培养一个健全的人，我们要培养一个对社会有用的人……这个问题可以有很多具体的答案，要我说这些答案都可以总结成一个答案，或者说最终都要瞄准一个目标，那就是我们要培养一个对国家有用的爱国的人。

即便标榜民主自由的现代西方国家，其实也把爱国主义教育作为国家教育的优先事项，美国就是这样一个典型的国家。美国的电影里经常会出现“美国梦”这样的词汇，电影也是教育的一种途径，美国想通过电影来传播自己的价值观，增强国民的爱国情怀。今天有很多人对我们国家的爱国教育阴阳怪气，老是觉得国外的月亮才更圆，这种想法错得离谱。为什么别人能讲爱国教育，而我们就不能？我们的教育一定要讲爱国这两个字！课上要讲，课下也要讲；幼儿园、小学要讲，中学、大学也要讲；学校要讲，家里也要讲！爱国主义精神是中华民族的精神基因，这应该也必须是每个教育人的思想指引，是每个接受教育的人要努力达成的目标。

百合外国语学校成立时，我把“爱国、求知”这四个字写进校训，就是希望最大限度地培养学生的爱国精神和家国情怀。为了无愧于这四个字，学校做了很多具体的努力，我讲讲其中的一项。

这一项是升国旗。说到升国旗，很多人可能会问：“说升国旗是我国每所学校都会做的事情，难道只有你们学校重视升国旗，其他学校就不重视吗？”不少的学校，特别是中学，他们重视学生的学习成绩，虽然看起来他们也重视升国旗，但实际上是流于形式。他们的升旗仪式只是把国旗升到旗杆上就完事了，至于这个过程中老师是什么态度、学生又是什么态度，校方不会管太多。他们忘记了一点，升国旗是一件很神圣的事情，这种走形式的态度不仅谈不上尊重国旗的神圣性，更是极度不尊重用血肉之躯铸就这面国旗的革命先烈的表现。我一直强调，百外坚决不允许这样的事情发生。

当然，有很多学校也真正重视升国旗，但对于升国旗这件事，百外有自己的坚持，这个坚持有以下几方面的表现。

首先，我要求全校师生坚决不能把升国旗这件事当成走形式的事来对待，不能对不起这面鲜血染成的红色旗帜，不能对不起一大四小的五颗五角星。其次，不是狂风暴雨就不能暂停升旗仪式，这是对学生适应能力的训练，更是对学生爱国意志是否坚定的考验。再次，升国旗的时候，学生和老师绝对不能有交头接耳的行为，更不能私下打闹。最后，也是最重要的一点，就是升国旗的时候必须大声唱国歌，学生必须唱出来，老师也必须唱出来。我很难理解一个现象，今天很多人好像都不好意思唱国歌，每次升国旗的时候他们都是跟着少有的几个敢大声唱出来的人混过去，这种行为在百外是不允许存在的。唱国歌是一种自豪的行为，唱得越大声越自豪。只有认真对待升国旗这件事，爱国主义精神的种子才会在学生的心中破土而出、茁壮成长。

对我来说，把爱国这两个字带进学校里是一个方面，在其他方面我也一直在努力，希望向社会大众更快更好地传播和阐释爱国主义精神。

1929年2月，红四方面军在毛泽东、朱德等党的早期领导人的率领下出击赣南，途经江西寻乌的圳下村时遭遇挫折，包括毛泽东、朱德、陈毅在内的五十多位开国领袖与将帅集体遇险，好在最终突围成功。突围成功后，大家在罗福嶂召开了一次重要的会议，统一了思想、扭转了困境，革命开始一步步走向胜利。这段历史大家可能听得少，所以我希望孩子们能更好地了解这段历史，了解老一辈革命家的无畏奋斗史。基于这个初心，前几年，我捐资3000万元，通过帮扶的形式在江西寻乌建起了“罗福嶂会议学习园”。当然，我希望这个学习园既能帮助革命老区的百姓走好乡村振兴之路，又可以成为百外教育集团所有学子的爱国主义教育基地。

从某种意义上说，我建学习园这个行为本身就是对百外“爱国、求知”校训的遵循，只有我自己做到了，才有资格去教学生也这么做。

从我个人的办学经历到教育与个人的关系，从教育与家庭的关系到教育与学校的关系，从教育与社会的关系到教育与国家的关系，结合我自己的办学经验，这本书讲了教育的方方面面。这些方面都很重要，但正如我把爱国放在本书的压轴之处，教育教人爱国在我心中是最重要的事情。

因为我的学识有限，所以这本书肯定存在这样或者那样的不足，那我为什么还要写它呢？因为我想把我浅薄的认知里我认为有用的东西传递给我们这个社会、我们这个国家，社会培养了我，国家培养了我，我有责任回馈我们的社会和我们这个可爱而又欣欣向荣的国家。

附录一 经典名言

1 夫善国者，莫先育才；育才之方，莫先劝学。 ——范仲淹

2 才智之民多则国强，才智之士少则国弱。 ——康有为

3 在教师手里操着幼年人的命运，便操着民族和人类的命运。

——陶行知

4 只有由受过教育的人民组成的国家才能保持自由。

——（美）杰斐逊

5 教育工作中的百分之一的废品，就会使国家遭受严重的损失。 ——（苏联）马卡连柯

6 在每个国家，知识都是公共幸福的最可靠的基础。

——（美）华盛顿

附录二　古今事例

01 科学无国界，但科学家有祖国

路易斯·巴斯德，法国著名的微生物学家、化学家，1822年12月出生于法国东尔城，毕业于巴黎大学。

巴斯德穷尽毕生，奠定了工业微生物学和医学微生物学的学科基础，把微生物研究的核心议题从微生物形态上升到了微生物的生理途径这一高度，是微生物生理学的学科奠基人。

在1876年的一次宴会上，巴斯德首先说："科学无国界，因为知识属于人类，是照亮世界的火炬。"接着他又讲："尽管科学无国界，但科学家有祖国，他必须把他的工作对世界的影响奉献给他的国家。"

巴斯德的名言，特别是"科学无国界，但科学家有祖国"这句话，成为无数科学家报效祖国的指南，影响了后世一代又一代科学家。

02

教育为父，实业为母

张謇，江苏南通人，晚清（1894年）状元，是著名的实业家、政治家、教育家，被评为“江苏五才子”之一，是近代中国教育强国实践的先锋之一。甲午战争之后，他毅然弃官从商、从教，怀揣“建国君民，教学为先”的理想，在自己的家乡南通，开启了近代民办教育的辉煌之旅。

“衣食之源，父教育而母实业。”张謇把实业与教育的关系比喻为家庭里的父亲和母亲，两者相辅相成。他一生创办了二十多家企业，非常富有，但追求财富并不是目的，他把更多的精力用在了办学上。

回看近代史，张謇的名字与我国许多的“第一”都紧紧地联系在一起：我国第一所聋哑学校、第一所职业学校、第一座民办博物苑、第一座气象台、第一家图书馆等。1902年起，张謇先后创建了近四百所小学和包括我国第一所师范学校在内的三所高等学校，复旦大学、东南大学、南京师范大学、暨南大学等高校都有张謇办学的身影。

张謇的一生，以手足为笔，入木三分地书写了“家国情怀”这四个大字。

后 记

办教育二十多年，要是说对教育没有一点思考，朋友们肯定不相信，但要我去系统地谈论教育，确实是个不小的挑战。早几年《心明》出版后，许多读者朋友向我倾其所思所想，让我思考良多。既然《心明》是我对人生的哲思，那么这本书就是我教育实践多年的一些感悟。这些感悟对朋友们尤其是对百外的家长，应该是有帮助的。不过，我既不是校长也不是老师，我谈教育更多基于个人的观察，因此我把这本书的名字定为《用第三只眼睛看教育》。

“修身、齐家、治国、平天下”的理想，表达了两千多年来中国人强烈的家国情怀。因为写这本书，我回忆起早年办学的“初心”，看似偶然，实属必然，其思想根源就与“利他先行”有关。办教育，不仅影响个人，还影响家庭、社会乃至国家。因此，教育与个人、教育与家庭、教育与社会、教育与国家，这四个方面不仅是永恒的中国主题，也是本书的主要脉络。

与《心明》类似，本书仍然采用由我来口述、专业人士执笔的方式成书。具体由深圳城势话语智库的唐毅先生牵头，文东先生和城势话语团队一起开展访谈工作，不仅对我，还对百外教育体系的教育工作者进行了十多场次的采访。每次访谈聚焦一个主题，访谈时间少则两个小时，多则五六个小时。城势话语团队在每次访谈前都准备了详细的采访提纲和背景资料，所以我们的访谈不是简单的问和答，而往往是观点的碰撞、思想的交融。访谈结束后，他们再根据录音整理成文。在编撰过程中，文东、刘无恙、唐毅等多位先生费力劳心甚多，并最终经过我的审定。

在此我应该感谢敦促、勉励我的朋友们，感谢城势话语团队，还要感谢出版本书的南方日报出版社。本书内容除了附录的经典名言、古今事例等内容外，都是我本人的思考和感悟，观点的疏漏不周之处，还请读者朋友批评赐教。希望本书对学生、老师乃至教育同行有所启发；希望年轻的父母朋友们通过本书，共同创造教育的沃土、希望的田野！

凌国强

2023年11月